ミシェル・テレスチェンコ［著］
林昌宏［訳］

拷問をめぐる正義論

民主国家とテロリズム

吉田書店

DU BON USAGE
DE LA TORTURE

Michel TERESTCHENKO

拷問をめぐる正義論　目次

◎本文内に行おける〔　〕は、訳者による補足である。
◎読みやすさ、理解のしやすさを考慮し、原文にはない改行を適宜加えた。

序　拷問という難題

「それを公で討論するのは危険だろう。だが、密室での討論、あるいはまったく討論せずに行動に移すのは、さらに危険だ」

ラン・M・ダーショウィッツ[1]〔アメリカの法律家〕

国家が拷問を行ってもよいのか。そのようなことは討論できない、と多くの人は考える。こうした討論には、根源的に不快なことや、みだらなことが含まれているからだ。国家による拷問というテーマを扱うのは、アルジェリア戦争やベトナム戦争、ラテンアメリカ諸国の独裁政権、あるいはギリシャの軍事独裁政権の時代に起こった出来事を詳らかにしようとする、歴史家、調査ジャーナリスト、研究者の仕事だと思われている。彼らが拷問に関する情報を公開すると、国民は、国の一部の政策に警戒心を抱くようになる。なぜなら、そうした情報は嫌悪感を催すからだ。

拷問を単に告発の対象でなく、政治的および道徳的な理論に基づく討論の対象にすることはできないのか。国民は、そのような討論を受け入れようとはしないだろう。フランス、イギリス、アメリカ、イスラエルなどの民主国家においても、国による拷問が糾弾されてきた。拷問を行うのは独裁国家だけではない。拷問は戦争犯罪であり、大虐殺と同様に人間の野蛮さの表われだ。民主国家なら、民主主義を築く原則、さらには民主主義そのものを捻じ曲げない限り、拷問は実行できない。ましてや拷問を正当化することはできない。ところが現実には、民主国家においても、拷問は行われているのである。

民主国家なら拷問は実行できないのに、国家による拷問は「強制尋問のためのテクニック」という呼称に婉曲化され、その是非を問う議論が実在する。今日のフランスではそうした議論はないが、アメリカでは二〇〇一年九月一一日の同時多発テロ事件後、ブッシュ政権による「対テロ戦争」という政策によって再び議論されるようになった。

その際、新たな脅威に襲われた民主国家は、これにどう対応すべきかが広く議論された。たとえば、カナダの哲学者マイケル・イグナティエフは、この議論の行方を懸念する人々に共鳴し、次のように記した。

「《われわれは何をなすべきか》を知るよりも、《われわれは何者であり、何を守り抜きたいのか》という問いに答えることのほうが重要だろう」[2]。

今日まで、国家の存在そのものがテロ行為によって脅かされたことはない。だが、テロ行為によってわれわれは、国の基本原則をきわめて特異な形で意識するようになった。国が脅威にさらされるとはいえ、テロ行為への対応は、国の価値観を守る国家の能力に対する残酷なテストともいえたのだ。すなわち、それは、（議会、司法、メディア、世論などによる）人間の尊厳の尊重、法治国家の維持、国の権限の公的管理、そして国民および人類全員の基本的な自由の擁護と、国土の安全保障との間のバランスを維持するという、さまざまな義務に関する試練である。

しかし、当然ながらいくつかの難問がもち上がった。政治家、知識人、法律家など、かなり限定的な人々の間で議論されてきたそれらの問題が、偽善的にではなく、公で広く討論されるようになり、とくにアメリカでは国民的な討議の対象になったのである。これはわれわれの近代社会史において特筆すべきことでもある。

九月一一日の同時多発テロ発生以降、アメリカでの議論から生じた疑問は、多かれ少なかれ次のようなものだ。それはとくに巻頭言で紹介した、人権擁護に尽力してきた著名な弁護士でハーバード大学法学教授アラン・M・ダーショウィッツが提起した疑問である。

すなわち、法的に許容できる尋問方法は、どのようなものなのか。拷問であるかないかを区分する規範になる原則とは何か。国際法でも禁じられている「屈辱的で下劣な行為である拷問」と尋問の違いはどこにあるのか。戦争捕虜の扱いに関する人道的な観点からの国際法は、捕虜になった者が何者であろうとも、何をしたのかにもよらず、全員に適用されるのか。それとも、法治国家に属する戦闘員だけに適用されるのか。あるいは、拷問に頼らざるをえないという特殊な状況では、たとえ拷問が反道徳的だとしても、国際法の煩雑な論理は粉々に砕け散ることになるのか。そのような場合、拷問は秘密裏に行うほうがよいのか。それとも逆に、可視化された状態で行うほうがよいのか。

拷問は許されるのか

本書では、拷問の問題というよりも、民主的な社会において許される尋問のあり方を、できる限り明瞭に語る。そこで、次に掲げる四つの疑問を考えていく。抽象的なものばかりだが、一蹴することはできない。

――拷問を行わざるをえない差し迫った状況は、はたして存在するのか。すなわち、多くの人命を救うための必要な情報を得るために、拷問が唯一の手段になるような状況は起こりうるのか。

――こうした状況では、拷問は道徳的に許されるのか。

――道徳的に許されるとしても、拷問による尋問は成果をもたらすのか。

――そして、誰が拷問を利用する決断を下すのか。拷問を利用すれば自由を尊ぶわれわれの社会の基本理念は、著しく侵害されるのではないか。

最初の二つの疑問への一般的な回答が完全に否定的でないため、問題が生じてしまう。この論争のおもな見解（政治的目的を秘めた見解や、疑わしいイデオロギーに満ちた見解は除く）によると、拷問を選択せざるをえない、絶望的で例外的な状況は存在するという。実際に、数百人、数千人の命を救うために拷問が役立ってきたのがその証拠だという。拷問が効果的な場合もあるというこうした見解により、例外的な状況では拷問は正当化される。

こうした見解はおそらく誤りだが、仮に誤りだとしても、われわれはそのことを証明しなければならない。つまり、強力な証拠と思われるものに基づく見解に反論するには、拷問を利用せざるをえない状況はありうると考えるのは誤りだ、と断言するだけでは不充分なのだ。というのは、こうした見解は、国民を従属および支配する手段として拷問を利用しようという主張ではないからだ。すなわち、拷問により、無実の人々は保護される。よって、拷問を利用する者は、虐待者というよりも救済者であって英雄なのだ、という論理である。

ようするに、拷問はさまざまな観点から禁止されているにもかかわらず、ある種のゲームのように、利用可能になるわずかな余地が曖昧なまま常に残されているのだ。だからこそ、拷問をめぐる問題は厄介なのだ。

そうした狭小な余地からは、次のような疑問が必ず生じる。すなわち、例外的な状況なら、拷問を実行できるのではないか。こうした状況では、見解は劇的に錯綜し、簡単には結論を下せず対立し始める。

われわれは、思想家、哲学者、法学者たちの見解を求める。市民権の熱心な擁護者であり、進歩的な自由主義者であると思われる彼らは、自分たちの主義として、あらゆる形式の暴力および国家の暴力行為に反対する。彼らは拷問が悪だと心得ている。しかし、現実主義および責任原則を理由にして、拷問が必要悪になる場合があると認める。拷問が必要になる例外的かつ緊急を要する状況は起こりうるというのだ。

たとえば、多くの人命が危機にさらされ、事態の解決は緊急を要するため、拷問以外の手段を選択することは、きわめて無責任な判断になってしまうという状況だ。あるいは、功利主義的な見解である。二つの悪のうち、どちらかを選ばなければならないのなら、最悪を防ぐ悪を選ぶべきだと考える場合だ。

拷問および「強制尋問の方法」に「控えめな」、あるいは「実用主義的な」賛同者である彼らは、いかなる条件であろうとも拷問を禁止すべきだと考える人々と対照的である。

彼らはそう述べる人々を「非現実」あるいは「理想主義」の原則に依拠しているとみなす。気の滅入るこうした論証は、責任ある政治的行動に関するジレンマであり、無条件の拷問廃止論者が考察を拒否する、責任と信念との間の価値観をめぐる葛藤とも言える。その回答を見出するのは容易なことではない。

「管理下に置かれた拷問」を支持する者たちは、拷問を称賛しているのでは決してない。彼らは痛ましい思いを抱いている。この見解は、大多数のための費用便益の観点に立つ、単純な合理的計算から導き出されたものであるだけに、彼らにとって、拷問は嘆かわしいことなのだ。彼らの考察や論拠が、費用便益の立場から導き出される結論によって裏づけられているのは明らかだ。

この点が、拷問は必要だと臆面もなく主張する者たちとは異なる。たとえば、アルジェリア戦争に従軍した軍人たち、ラテンアメリカ諸国の独裁者たちである。彼らは、拷問の利用の正当性を公には認めないが、拷問が許される例外的な状況を盾にとり、拷問は必要だと主張してきた。さらに彼らは、国家によるテロ行為は道徳的に決して許されるものでなく、そうした「目に見えない敵」による国家転覆に対抗する手段として、拷問は必要だと理屈づけしてきた。

今日、「管理下に置かれた拷問」を支持する者たちの主張の新たな点は、彼らが国のテロ行為と同様に、拷問の実施を隠すという嘘を許さない点にある。過去の軍人や独裁者などと同様に、彼らは「例外的状況」における拷問の正当性を主張してきたが、現在では、はるかに精緻な理論を用いている。

しかし、拷問の正当化が厳格かつ限定的なものであっても、その理論を実際に運用する際には、多数の人々の行動に影響がおよぶのは間違いない。

拷問の正当化に関するあらゆる種類の批判的考察に照らし合わせて、拷問を正当化する理論が頑強とは程遠いものであることはのちほど述べる。さらに、彼らが述べる「拷問が必要な状況」は、現実から乖離した虚構をつくり出すことによって、許されるべきでない拷問を正当化する。つまり、拷問は寓話に基づいて正当化されるという反論を紹介する。

「最悪を避けるための悪」という理屈に対する回答

本書の核心部分に踏み込む前に、読者に詳細を示す必要がある。反米論を展開することが目的ではない。

本書は、二〇〇一年九月一一日のアメリカ同時多発テロ後のアメリカの政策に焦点を絞るが、それは反米主義を主張するためでも、ブッシュ政権の政策を糾弾するためでもない。

本書の目的は、次に掲げるように、ピンポイントであると同時に幅広い。

――拷問を「最悪を避けるための悪」と主張する者がいる一方で、拷問は正しい行為だと述べる者がいる。そこで双方が依拠する理論に対する批判的考察を紹介する。

――民主的な社会は、歴史的および精神文化的に、寛容の精神、人間の尊厳の尊重、謙虚さに重要な価値を見出してきた。拷問を実施すればそうした民主的な社会に問題が生じることを明らかにする。

――拷問を支持するイデオロギーを紹介し、そしてこうしたイデオロギーに満ちた拷問必要論に対して、この論が依拠する仮定にはまったく根拠がないことを示すとともに、具体的な反論を明示する。

――国家が拷問を実施すれば、国家の権力、さらには国の体制は破綻する。つまり、拷問は政治的自殺行為に等しいことを明らかにする。言い換えると、マキャヴェッリが説いた現実主義に倣う、例外的な場合だけ拷問の利用を認める実用主義者たちは、彼らが守ろうとする社会の基盤を揺るがすことになる。

政治の現場は、公共政策、行政指導、法律、演説など、複合的なもつれからなる。そこでは、複数の原則が交錯し、これらが実際の現実的拘束というより「現実的拘束があるのだ」という主張としばしば対立する。本書は、それらの具体的な出来事を取り上げることによっても議論を進めていく。

本書は網羅的な書ではないため、不備があるかもしれない。だが、不備があるとしても、本書の論証と目的の最も重要な部分が失われてしまうことはないはずだ。私は、そうした不備が本書の全体像に影響をおよぼすことはないと信じる。

本書の意義は、われわれ自由な市民が警戒すべきことを明らかにし、警戒を促し、情報、概念の基盤、理性的で包括的な議論を提示することだ。本書が打ち鳴らす警鐘、つまり拷問を正当化しようとする試みに対する警戒の声が、日常の雑音や怒り狂う世論にかき消されるようなことがあってはならない。私は、本書が大きな説得力をもつことを願っている。

本書は、いくつかの貴重な出会いから誕生した。パリ第一〇大学〔ナンテール〕の社会学教授で『モース誌』の編集長を務めるアラン・カイエと、パリ第一大学〔ソルボンヌ〕の法学部教授のミュリエル・ファーブル＝マグナンとは、長時間にわたって議論した。彼らのおかげで、この微妙な問題に関して、実に多くの視点をもつことができた。

また、豊富な専門知識をもつピエール＝エマニュエル・ドーザ〔作家〕と、熱く語ってくれたポール・アウディ〔哲学者〕の協力も忘れられない。

本書が世に出ることになったのは、編集を担当してくれたデクヴェールトゥ社〔原出版社〕の社長フランソワ・ゲゼのおかげである。出版を即座に引き受けてくれた彼は、私にさまざまな示唆を与え、本書の明らかな誤りを指摘してくれた。ここにお世話になった皆様に感謝申し上げたい。

しかし、本書に何らかの欠陥があるとすれば、その責任は、私にしかないことを申し添えておく。

第1章

「拷問国家」アメリカの長い歴史

「地獄だ！　地獄だ！」

ジョセフ・コンラッド〔二〇世紀初頭のイギリスの小説家〕『闇の奥』

二〇〇一年九月一一日のアメリカ同時多発テロ以降、アメリカ大統領と国防長官の承認のもとに、「強制尋問」が再び実施されるようになった。この強制尋問は、おもに「感覚の遮断」と「自分自身で課す苦痛」という、相手の心理に働きかけるテクニックに基づく拷問である。これらのテクニックは、中央情報局（ＣＩＡ）が一九五〇年代から莫大な資金をつぎ込んで開発した産物だ。相手の心理に働きかける尋問は、肉体的な損傷の跡を残さず、経験の浅い者であっても利用しやすい。したがって、これらの尋問は肉体におよぼす拷問よりも野蛮でないように思える。しかし実際には、相手の人格を破壊する威力は、従来の暴力を用いた強制的な尋問よりもはるかに大きいのだ。

心理的な拷問に関するアメリカの歴史

アメリカ政府は、これまで次のように説明してきた。アメリカ兵がアフガニスタン、キューバ、イラクなどで犯した残虐な行為は、「これまでにない例外的な事例」であり、そのような行為は、一部の残虐でサディスティックな個人の逸脱によるものであり、彼らは上官の目を盗んでこっそりと非人道的な行為におよんだのだという。

だが、こうした説明は完全な誤りだ。それらの残虐行為がアメリカも批准している国際協定によって明確に禁止されているのは明白だとしても、実は「テロとのグローバルな戦い」に挑む際には、拷問とそれに類する行為の利用は必要だという政治的判断が下されていたのである。この決定に基づき、それらの行為を実際に指導したのはCIAなどの情報機関である。
五〇年ほど前からアメリカの情報機関は、冷戦時、つまり「共産主義者の破壊工作」に対抗した時期に得たノウハウを進化させてきた。「しゃべらせる尋問」[1]を理論化し、これを実践したことで知られるアルジェリア戦争に従軍した元フランス軍人たちも、この進化に貢献した。彼らはこうした尋問を、仲間内で拷問と呼ぶことさえ辞さなかった。[2]
蜂起を鎮圧する活動、過去の共産主義者による破壊行為を防ぐ戦い、そして現在のテロとのグローバルな戦いとの共通点は、情報収集を重視することである。だからこそ強制尋問を行うのだ。その目的は、「きわめて重大な情報」をもっていると思われる強情な被拘留者の抵抗する意志と精神活動を破壊して、彼らの口を割らせることだ。
精神的な拷問テクニックに関する三つの資料がある。それらに記された情報は、三つの大陸において長年にわたって利用されてきた。すなわち、一九六三年にCIAがまとめた『クバーク』（CIAがつけたコードネーム）という尋問マニュアル、一九八三年にCIAがホンジュラス当局のために作成した尋問マニュアル（『人材開発トレーニング・マニュアル』）、そして二〇〇三年にリカルド・サンチェス〔元アメリカ陸軍中将で、在イラクのアメリカ軍の司令官〕が編集したイラクの被拘留者の扱いに関する指示書である。
二〇〇一年九月一一日の同時多発テロ事件が、アメリカ近代史の転換点になったのは間違いない。だが、情報収集とそれに用いるテクニックに関しては、ブッシュ政権は、まったく新たな政策を導入したというよりも、既存の手段を復活させたというべきだろう。一般的に、強制尋問には三つの方法がある。

――第一の方法は最も古典的なやり方である。それは肉体的な拷問だ（例：アルジェリアでフランス軍が利用した方法）。あらゆる形態の肉体的な拷問は、国際協定によって禁止されているのはもちろんのこと、すべての専門家によると、肉体的な拷問は尋問として非効率であると同時に役に立たないという。というのは、拷問を受ける者は、拷問する側が期待することしかしゃべらないからだ。

――第二の方法は肉体的な拷問よりも洗練されたやり方である。それは心理的なテクニックを用いて相手の人格を破壊する方法だ。これには先ほど述べた二つのテクニックがある〔「感覚の遮断」と「自分自身で課す苦痛」〕。

――第三の方法は最も労力と時間のかかるやり方である。それは被拘留者を尋問して、彼らの反応と回答を分析する方法だ。アメリカ軍の研修センターで教えるのは、熟練を要する第三の方法だけである。いかなる場合であっても、暴力の利用は一切禁じられている。[3]

まず、冷戦時代の一九五〇年代から、CIAが中心になってアメリカで開発された「マインドコントロール」という秘密計画について簡単に紹介する。

CIAと「マインドコントロール」

アメリカの歴史家アルフレッド・マッコイ[4]は、拷問に関する重要な文献を残した。彼によると、すべてはソビエト時代の反体制派に対する裁判からはじまったという。たとえば、ハンガリーの枢機卿ミンツェンティ・ヨージェフの驚愕の告白である（ヨージェフは、拷問の末に国家転覆の陰謀に加担したと「告白」させられた）。

一九五〇年代を通じてCIAは、ソビエト人、次に中国人に対して、彼らの精神状態を人為的に操作するために、脳外科手術、電気ショック、催眠術、麻薬の使用（とくにLSD）などを利用する「過激な認知実験」を行ってきた。それらの実験で最も有名なのが「MKウルトラ作戦」というコードネームのものだ。[5]病院の医師、大学関係者、研究者など、アメリカの有名機関に属する人々も参加する、大規模な秘密計画である。彼らには莫大な研究費が支給された。

この秘密計画によって、アメリカはマインドコントロールのテクニックを進化させようとした。アルフレッド・マッコイは、この計画では行動心理学の研究者が大きな役割を果たしたと強調している。マッコイは、「この計画に参加したほとんどの学術研究者たちの研究テーマは拷問」[6]であり、それは強情な囚人の人格を破壊するための研究だったと記している。

数年後、暴力に頼らなくても相手の心理に働きかけて口を簡単に割らせるテクニックが開発された。それは感覚を奪うテクニックだ。このテクニックが人間の精神に破壊的な効果をもたらすことは、すでに一九五〇年代初頭からわかっていた。その数十年後、グアンタナモのアメリカ軍基地などで再び利用されたのが、このテクニックである。

たとえば、カナダの神経精神科医ドナルド・ヘッブが、一九五一年にマギル大学〔モントリオール〕において行った認知心理学の実験は、心理的な拷問に決定的な影響をおよぼした。

二二人の学生を被験者にして、視覚を断つメガネ、音を遮断するヘッドフォン、触覚を妨げる手袋を着用させ、彼らの視覚、聴覚、触覚を奪った状態のまま、スポンジの枕で横になってもらう。ほとんどの被験者は、四八時間もたたないうちにメスカリン〔幻覚剤〕を服用したときと似た幻覚症状を訴え、実験の続行を拒否した。この実験に資金を提供したCIAの責任者は、暴力を用いなくても、視覚、聴覚、触覚、温度覚を遮断すれば、意志の強い人物であっても、精神は破壊されると確信した。

この実験から数年後、研究者たちはもう一つのテクニックである「自分自身で課す苦痛」を開発した。これは被拘留者に対し、強く感じる苦しみの原因は自分自身にあると感じさせる拷問テクニックだ。

このテクニックに関して、さまざまな研究が秘密裏に行われた。一九六三年には研究結果を基にして『クバーク対諜報尋問』というマニュアルが作成され、その後の四〇年間にわたって、アメリカ情報機関の基本文献になった。このマニュアルは、非強制的な方法を長々と紹介した後に、心理的な強制の方法を説明している。

心理的な強制の狙いは、強情な被拘留者の精神状態をできる限り早く、幼児退行や「自己崩壊」という状態に追い込むことだ。つまり、「自己アイデンティティの自壊が精神的に耐え難い状態になるまで」[7]追い込むのだ。

このマニュアルの一部を紹介する。

> 拘留場所での感覚的刺激が減るにしたがって、被拘留者におよぼす影響は早まると同時に深まる。通常の独房での拘禁なら、数週間から数カ月かかった結果が、光、音、においを遮断した独房なら、たったの数時間から数日で得られる。[8]

このマニュアルには、それらのテクニックは心理学者の研究成果を応用したものだと記されている。すなわち、身柄を拘留した時点から、被拘留者の「心理的な不快感を最大限にする」必要があるのだ。

被拘留者が新たな環境に適応できないようにしながらも、世界から隔離された存在だという印象を最大限に与えられる拘留状態にその人物を置き続けるのだ。

次に、被拘留者の意志を砕くために、長時間にわたって、起立させ、頭を袋で覆い、睡眠、視覚、触覚を奪うことを推奨している。というのは、「肉体的圧迫よりも心理的圧迫のほうが、被拘留者の抵抗心を砕く[9]」からだ。

被拘留者が自身で課していると感じられる苦痛は、他者が加える肉体的な苦痛よりもはるかに効果的だ。苦痛の原因が尋問官でなく自分自身にあると感じられるため、被拘留者の心理には極度の不安、さらには罪悪感が芽生える。すると被拘留者は尋問に応じることによって、そうした感覚から逃れようとする。

しかし、心理的な尋問テクニックによって被拘留者の人格がいとも簡単に壊滅されるとしても、有益な情報が得られるとは断言できない。

この尋問テクニックには、被拘留者に外見上の傷を一切残さないという「利点」があるため、狭義の人権保護法には抵触しない。だが、得られる情報が肉体的な拷問によるものよりも信憑性がはるかに高いという保証はどこにもない。この点は重要であり、のちほどまた語る。

北アイルランドで爆弾テロ事件が続発した一九七一年に、イギリス政府は似たような尋問テクニックを実行した。デメトリウス作戦〔イギリス軍が実施した、IRAに関与すると思われる者たちを一斉検挙した〕では、アイルランド共和軍（IRA）との関係を疑われた数百人の被拘留者が逮捕された。尋問綱領を実際に試験するために、彼らのうちから一四人が実験台として選ばれた。

欧州人権裁判所によると、それらの尋問テクニックには、壁に向かって腕を広げさせて足の親指に全体重をかけて起立させる、黒い布袋を頭に被せる、耳をつんざく爆音を聞かせる、睡眠、食糧、飲み物を制限するなどの行為が含まれていた。[10]

イギリス議会の調査委員に提出された二つの報告書（一九七一年一一月一六日付のコンプトン報告書と、一九七二年三月二日付のパーカー委員会の報告書）では、それらの行為について、一方は正当化したが、他方は拷問である可能性は否めないと結論づけた。

パーカー委員会の最終報告書において、パーカー卿は次のような疑問を投げかけた。「たとえば、不快や辛苦から屈辱的な扱いになるのは、どのあたりからなのか。そして屈辱的な扱いから拷問になるのは、どの時点からなのか」。彼は、それは言葉の定義の問題であり、またある特定の行為が拷問であるのかについて、「関係者の意見が一致することはないだろう」と回答した。アルフレッド・マッコイも指摘したように、「心理的なテクニックの利用という転落の道には、明確な定義による歯止めがなかった[11]」のである。

一九七六年に欧州人権委員会は、八四〇〇ページにわたる報告書のなかで、それらのテクニックは「近代的な拷問システム[12]」だと述べた。だが、欧州人権裁判所はこの見解を完全には認めず、一九七八年一月に（アイルランド対イギリスの裁判において）イギリスを断罪したが、その罪状は、「下劣で非人間的な扱い[13]」によるものであって、拷問ではなかった。

欧州人権裁判所は、人権と基本的自由の保護のための条約〔欧州人権条約〕の第三条〔拷問・非人道的待遇または刑罰の禁止〕の厳密な意味に照らし合わせると、それらの尋問テクニックを「拷問」とみなすことができなかったのだ。

マッコイによると、「心理的な拷問は複雑なテクニックであるため、欧州人権裁判所は心理的な拷問に関する人権を理解できなかった[14]」という。

しかしながら、ギリシャのディミトリオス・エヴリゲニス判事は、賢明にも次のように指摘した。多くの研究所で科学的根拠に基づいて開発された新たな拷問による苦痛には、「従来の拷問による肉体的な苦痛とほとんど共通点がない」。

「異なる見解」を表明した彼は、現実には「肉体的な暴力でなくても拷問になる[15]」と強調したのである。

フェニックス計画から「プロジェクトX」へ

一九六〇年代から七〇年代にかけて、それらの尋問テクニックは、冷戦時に「共産主義者の破壊工作」に対抗するCIAが利用した。そしてCIAは、アジア諸国ならびに南アメリカ諸国の軍人や警察官の養成プログラムを通じて、またおもに中央アメリカ諸国での反乱を鎮圧する指導者たちへの助言によっても、それらの尋問テクニックを世界中に広めた。

ケネディ大統領主導による拷問利用計画のなかでも、一九六七年に南ベトナムで実施されたフェニックス計画は最も残虐だった[16]。ベトコンの秘密ネットワークを破壊する目的のフェニックス計画では、あらゆる形式の肉体的および心理的な拷問が実施され、数万人の被拘留者が殺害された。

ジャーナリストのマリー＝モニク・ロバンは、一般にはほとんど知られていなかった事実を明らかにした。「革命戦争」あるいは「近代型戦争[17]」と呼ばれる非従来型の戦争に関して、拷問のあり方に大きな影響をおよぼしたのは、フランスの専門家たちだというのだ。彼らは、アルジェリア戦争時に得たノウハウをアメリカに教えたのである。

たとえば一九六〇年代初頭、ポール・オサレス〔フランス陸軍の軍人で対反乱作戦の専門家〕は、一斉検挙、拷問、正式な裁判なしで行う処刑など、アルジェの戦いで用いたテクニックを、おもにノースカロライナ州フォート・ブラッグの特殊戦センターにおいて伝授した。オサレスの任務は、「心理戦争における部隊の訓練を監督することであり、特殊部隊の作戦の指揮」[18]であった。「フェニックス作戦は、使用された用語や方法など、アルジェの戦いとあらゆる点で酷似している」[19]と、マリー＝モニク・ロバンは証言している。

その後、こうした過激な方法は、ＣＩＡによって十数カ国の中南米諸国およびイラン当局に伝授されたと思われる。各国の軍隊および警察は、「プロジェクトX」と呼ばれる秘密軍事計画（その後、アメリカ国防総省はこの計画に関するすべての資料を破棄した）の一環として、新たな拷問テクニックを学んだ。

スペイン語で書かれた七つのマニュアルには、テロ行為に対抗するためのテクニックが記載されていた。拷問の際に用いる暴力は、「敵の死に対する報奨金の支給、不当拘留、処刑、自白剤の利用」[20]を推奨するなど、一九六三年の『クバーク対諜報尋問』よりも過激な内容だった。

それらのマニュアルは、とくに一九六六年から七六年にかけて、パナマに拠点を置くアメリカ陸軍の「米州学校」（現在の西半球安全保障協力研究所）で利用された。この学校は軍事に関する訓練および教育のために、数百人の外国人幹部を受け入れた。

ＣＩＡがホンジュラスで利用した心理的な拷問テクニックは、一九八三年の『人材開発トレーニング・マニュアル』[21]に記載されている。このマニュアルは走り書き風ではあるが、その核心部分は一九六三年のマニュアル〔『クバーク』〕を踏襲している。

アルフレッド・マッコイは匿名の教育係の証言を詳しく紹介している。この教育係は、強制あるいは非強制の二つの心理的な拷問法を教えたという。

匿名の教育係の証言を少し紹介する。

「尋問官は、拘留当初から被拘留者を管理するために、被拘留者の環境を人為的に操作し、不快で耐え難い状況をつくり出し、時空の感覚を破壊し、五感を遮断する必要がある」。（……）逮捕する時間は、激しい不安をもたらし、驚かせるために、夜明けごろが望ましい。「被拘留者は、すぐに肉体的および精神的に隔離された状態に置かなければならない」、「素っ裸にして、シャワーを浴びるよう命じる」、監視人の前では目隠しをさせる、「サイズの合わない衣服を着用させる（着慣れた服では自己意識が強まるため、被拘留者の抵抗力が高まるからだ）」。

尋問の際には、自分たちは相手についてすでに多くのことを知っており、抵抗するのは無駄だと思わせる必要がある。よって、「多くの情報が記載されているという印象を与えるため、必要であれば分厚い資料集を持ち込む」。

相手が口を割らないのなら、尋問官は「相手の心理を退行させる非強制的なテクニック」を利用することがある。

その二〇年後に、アブグレイブ刑務所〔イラク〕やグアンタナモ湾収容キャンプ〔キューバ〕などで、それらのテクニックが再び利用された。たとえば、時間を操作し続ける〔時計の針を早める、あるいは遅くする、食事の時間を不規則にする、睡眠の時間帯を変更する、昼夜の感覚を失わせるなど〕不条理かつ明らかに意味を欠いた質問を投げかける、ほのめかすだけの協力の申し出はすべて拒否する、協力の拒否に対して報復するなどである。[22]

ところが、アルフレッド・マッコイによると「心理的な拷問が尋問官におよぼす影響は、肉体的な拷問よりもはるかに過酷であるのに、尋問機関は、イランやフィリピンでの経験からすでに明らかになっていたこの重要な点を無視した[23]」。

アメリカのトレヴァー・パグレン〔作家、芸術家〕とアダム・クレイ・トンプソン〔ジャーナリスト〕は、アメリカから外国の公安当局に派遣された拷問担当者に関するドキュメント作品を二〇〇六年に発表した。

「拷問はその犠牲者だけでなく、拷問人にも悪影響をおよぼすことは指摘するまでもない。拷問という経験を通じて、両者の人格とも不可逆的に変化する[24]」。こうした兆候は、拷問を担当した者全員に確認できると、すべての心理学者は語っている。この問題については、のちほどまた触れる（第10章を参照のこと）。

アルジェリアでの非従来型の戦争経験をもつフランスの専門家は、ベトナムでの秘密軍事作戦に多大な影響をおよぼした。つまり、拷問が情報を得るための武器になったのである。

ベトナムでの拷問を長年にわたって学術的に研究した成果は、ラテンアメリカ諸国に伝授された。アメリカは国家による犯罪に加担したのである。そして二〇〇一年九月一一日の同時多発テロの翌日、アメリカは、新たな敵は「共産主義者の破壊工作」ではなく、アルカーイダおよびウサーマ・ビン＝ラーディンによるイスラーム原理主義だと知った。

このようにして、アメリカのアフガニスタンへの侵攻、次に二〇〇三年三月のイラクへの軍事介入の際に、それまでにもあった拷問テクニックが現代化されて蘇ったのである。

第2章　拷問に奉仕する法学者たち

彼は、私にこういった。「あなたは、そのことについて何もわかってない。それは異端でなく、正統な意見なのだ。トマス主義者全員はその意見に与している。ソルボンヌ学派の私もその意見を支持した」。

ブレーズ・パスカル『プロヴァンシャル』

二〇〇四年、全世界は、アメリカ軍のアブグレイブ刑務所でのイラク人被拘留者に対する性的虐待を含む、屈辱的で下劣な拷問を目の当たりにした。また、グアンタナモ湾収容キャンプやアフガニスタンの収容所においても、似たような拷問が行われていたことが判明した。

ほとんどの場合、それらの拷問は、アメリカの司法省と国防総省の優秀な法学者たちが練り上げた法的詭弁に基づき、アメリカ大統領が「テロに対するグローバルな戦い」という枠組みの国策として組織的に実行された。法的詭弁にはおもに二つの論拠があった。

一つめの論拠は、戦争捕虜の保護に関する国際協定がアフガニスタンのタリバンやアルカーイダのメンバーなどの「失敗国家」の被拘留者には適用されないことだ（国務長官だったコリン・パウエルの見解に反して、二〇〇二年二月にブッシュ大統領が示した解釈）。したがって法律上、情報機関の職員は、刑事罰に抵触するほど過激なことをしない限り、「非合法戦闘員」に対して「踏み込んだ尋問」を実施できる。国内および国際的な法律はもちろん、アメリカ国内で効力のある軍法は、政府お抱えの法学者たちによって拡大解釈されたため、尋問官がアメリカの法廷で起訴されない仕組みができあがった。

もう一つの論拠は、収容所は外国やキューバのグアンタナモにある治外法権地区に設立されたため、二〇〇一年一一月一三日のアメリカ大統領令の条項により、それらの収容所には国内法が適用されないことだ。よって、アメリカで訴訟が起きる心配はなかった。

ところが、アメリカ最高裁判所は、二〇〇四年六月三〇日付の判決（ラスール対ブッシュ）と二〇〇六年六月二九日付の判決（ハムダン対ラムズフェルド）は、そのような収容所政策は無効だとした。

そこでブッシュ政権は、二〇〇六年九月にグアンタナモの被拘留者を裁判するための「軍事委員会法」を可決した。

しかし、アメリカ最高裁判所は二〇〇八年六月一二日の判決において、「非合法戦闘員」であってもアメリカの法律ならびにアメリカ憲法の人権保障に基づいて彼らを保護すべきであり、特別に設立した法制度のもとで彼らを裁くのは違法だと判断した。それどころかアメリカ最高裁判所は、「非合法戦闘員」であっても人身保護令状（不当に奪われている人身の自由を司法裁判によって迅速に回復させるための命令）を請求する権利があるという見解を示した。つまり、彼らの拘留は民事裁判で異議を申し立てられるのだ。[1]

アメリカ最高裁判所も異議を唱えたこうした議論について詳しく検討する前に、二〇〇一年九月一一日の同時多発テロ発生時のアメリカの法制度を、ほんの少しおさらいしておこう。

拷問に関する狭義の解釈

尋問官は人間の基本的権利を守らなければならない。この対応により、尋問官と被拘留者の関係は事前に決まる。一般原則として尋問官は、身体および精神の観点から被拘留者に対して尊厳をもって接しなければならない。

この原則は、戦争捕虜の待遇に関する一九四九年のジュネーヴ条約や、一九八四年一二月一〇日の国連総会で採択された「拷問および他の残虐な、非人道的な、または品位を傷つける待遇または刑罰に関する条約（拷問等禁止条約）」などの詳細な規定の根幹である。だからこそ、ジュネーヴ四条約に共通の第三条では、「生命および身体に対する暴行、とくに、あらゆる種類の殺人、傷害、虐待および拷問」ならびに「個人の尊厳に対する侵害、とくに、侮辱的で体面を汚す待遇」を禁じているのだ。

ジュネーヴ第三条約の第一三条は、「戦争捕虜には、人道的な待遇が求められる」と定めている。そして同条約の第一七条は、尋問の際に戦争捕虜は、氏名、階級、生年月日ならびに軍の所属番号について答えるだけでよいと定めている。同条は、拷問の完全禁止について「戦争捕虜からいかなる種類の情報を得るためにも、これに肉体的または精神的な拷問その他の強制を加えてはならない。回答を拒む捕虜に対しては、脅迫し、侮辱し、または種類のいかんを問わず、不快もしくは不利益な待遇を与えてはならない」と規定している。

一九八四年に採択された拷問を禁じる条約（ジュネーヴ条約）の第一条は次のとおりだ。

この条約の適用上、「拷問」とは、身体的なものであるか精神的なものであるかを問わず人に重い苦痛を故意に与える行為であって、本人もしくは第三者から情報もしくは自白を得ること、本人もしくは第三者が行ったか、もしくはその疑いがある行為について、本人を罰すること、本人もしくは第三者を脅迫し、もしくは強要すること、その他これらに類することを目的として、または何らかの差別に基づく理由によって、かつ、公務員その他の公的資格で行動する者により、またはその扇動により、もしくはその同意もしくは黙認のもとに行われるものを言う。「拷問」には、合法的な制裁の限りで苦痛が生ずること、または合法的な制裁に固有の、もしくはそれに付随する苦痛を与えることは含まれない。

一九八八年、国際世論に押され、アメリカ大統領ロナルド・レーガンは、国連の「拷問等禁止条約」をアメリカ連邦議会に提出したが、その際、レーガン大統領はあたかも当然の権利だとして一九の留保をつけくわえた。そのため、条約の批准は六年遅れた。それらの留保のおもな内容は、拷問禁止の対象から心理的なテクニックの利用を除外することだった。というのは、ホワイトハウスとアメリカ司法省の法学者たちは、国連による精神的な苦痛の定義を、あまりにも曖昧と感じたからだ。

拷問についてレーガン政権が提示した狭義の定義は、激しい肉体的苦痛を与えようとすること、精神状態に働きかける薬物の投与、殺すぞという恫喝、あるいは第三者が死ぬぞという恫喝、また同様に、相手の人格を破壊する行為に限定していた。こうした解釈には、数十年来、CIAが熱心に取り組んできたテクニックである、感覚の遮断、自分自身で課す苦痛、途方に暮れさせること（隔離や睡眠の禁止）などは含まれない。[2]

一九八四年に国連が可決した拷問等禁止条約をアメリカが批准したのは九四年になってからであり、それも肉体的な拷問だけに限定されていた。まったくもって皮肉なのは、冷戦が終わってからアメリカは、外交活動を活発に行うと同時に、自国の法制度を強化しながら世界中で人権擁護のための活動を積極的に行ってきたことだ。

実際に、一九九一年にアメリカ議会は、「拷問被害者保護法」を可決した。そうはいっても、「精神的苦痛」の定義は一九八八年にレーガン政権による狭義の解釈で十分だと考えていた。一九九三年に国連の主催によってウィーンで開かれた世界人権会議では、アメリカは、インドネシアや中国などの右派や左派の独裁者たちの主張である「例外地域」が存在するという見解に異議を唱え、自国のことを、人権擁護を訴える急先鋒だと世界に自負した。

その一年後、クリントン大統領のもと、アメリカ議会は自国の刑法を修正し（セクション2340─2340A）、拷問行為（ただし、あくまでも狭義の定義による拷問）を行った者には二〇年間の禁固刑を科すことになった。

アルフレッド・マッコイは次のように指摘している。「アメリカ議会やクリントン政権がCIAの秘密行為を黙認したため、本来であればその修正法によって禁止されるべき心理的な拷問は合法化された[3]」。

どのような行為が拷問なのかという議論では、「広義の拷問」（ジュネーヴ条約の解釈）と、「狭義の拷問」（アメリカの立法機関だけが認め、今日においてもアメリカ当局の法学者が引き合いに出す解釈）との間で、意見が必ず対立する。したがって、拷問を擁護する者たちは、現実には拷問以外の何物でもない行為を拷問でないと論じるために、拷問の曖昧な概念に依拠せざるをえない。「拷問」ではなく、「強制尋問のテクニック」と表現することによって、ある種のごまかしが可能になったのだ。

これはあたかも出来事の現実を隠し、物事を元来の名称で呼ぶのを避けるという[4]、ジョージ・オーウェルが小説『1984』で描いた「ニュースピーク」（全体主義の国家が思考を制限するためにつくった架空の言語）である。

歴史家のピエール・ヴィダル＝ナケが『フランス共和国における拷問』のなかで語ったように、一九六二年八月に行われた秘密軍事組織の中尉の裁判の際に、パラシュート部隊の隊長ジョセフ・エストゥープが証言した内容は、現在においても完全に当てはまる。「大統領閣下、軍隊用語で《調査する》は、現代用語では《質問攻めにする》、そしてフランス語では《拷問にかける》を意味します[5]」。

オレゴン州ポートランドにあるリード大学の政治学教授ダリウス・ラジャリが二〇〇七年に出版したこの分野の基本文献ともいえる著書[6]において指摘したように、拷問はその定義ではなく、それがおよぼす影響について考察すべきなのだ。

実際に、一九八四年に可決された国連の拷問等禁止条約では、「拷問とは、身体的なものであるか精神的なものであるかを問わず、人に重い苦痛を故意に与える行為であって、本人もしくは第三者から情報もしくは自白を得ること」（第一条）と定義している。だが、拷問はこうした定義以上の影響をおよぼす。

いずれにせよ、拷問に関するこのような主観的な規範が導入されたため、まことしやかな解釈がまかり通るようになった。このことについてはのちほど詳しく述べる。

法学者と詭弁家

アメリカ軍は、自分たちの尋問テクニックがジュネーヴ条約に抵触しないようにするために、相当な努力をした。一九九二年九月、アメリカ陸軍情報センター（アリゾナ州フォートフワチューカ）は、野戦マニュアル〔野戦マニュアル34、情報尋問〕を修正し、肉体的であろうが精神的であろうが、あらゆる形態の拷問をともなう尋問を一切禁じた。拷問を禁じた理由は、違法だというだけでなく不道徳かつ無意味だからだった。

このマニュアルには、次のように書かれている。「アメリカ人職員による拷問が発覚すれば、国内だけでなく世界中で嫌戦ムードが醸し出され、アメリカおよびアメリカ軍に対する信用は失われるだろう」。「アメリカおよび同盟国による《戦争捕虜》の虐待が敵国に明らかになれば、大変な騒ぎになるだろう。したがって、明確に禁止されている尋問テクニック〔拷問〕は正当化できない」[7]。

この考えにより、拷問の概念に広義の解釈が付与された。すなわち、立法機関がそれまで黙認してきた、苦痛をともなう姿勢をとらせる、十分な睡眠時間をとらせない、被拘留者に処刑寸前の体験を味わわせるなど、心理的な尋問も拷問とみなされるようになったのである。このマニュアルには、〔拷問を行う尋問官は〕軍事裁判法の一〇個の条項に違反するため、告訴されると記してあった。

アルフレッド・マッコイは次のように結論づけている。

冷戦終結後の文民および軍のこのような改革により、次のような矛盾をはらんだ結論に至った。文民当局側は、アメリカの刑事法では合法だった心理的な拷問に異議を唱える国連の拷問等禁止条約を批准する一方で、軍は、軍事裁判法ではすべての肉体的および心理的な拷問は犯罪とみなすというジュネーヴ条約を、自分たちの規律に適用したのである。

現実には、一九九〇年代末にアメリカ政府は、アメリカ文民法と軍事裁判法との対立、そしてアメリカ刑法と国連の拷問等禁止条約との対立という、矛盾を隠蔽したのである。こうした矛盾は、わずか数年後にアブグレイブ刑務所での衝撃的な出来事によって露呈した。[8]

こうした状況からは、九月一一日の同時多発テロ事件以降、ブッシュ政権の法学者たちがなぜ詭弁を駆使してきたか、その根本的な理由が理解できる。法学者たちは、これらの矛盾を隠蔽し、禁止事項を回避し、尋問官が告訴されないように画策したのである。

次のように考えたのだ。アメリカ軍の最高司令官という憲法上の特権をもつアメリカ大統領がアルカーイダやタリバンのメンバーを「非合法戦闘員」とみなせば、彼らは拷問を受けることになるかもしれない。そうなれば、尋問官たちは刑法上の罪に問われる恐れがある。そこで、尋問官たちが一般の法律および軍事裁判法で有罪にならないための防御システムを事前に構築しておく必要がある。

こうしてレーガン大統領時代の拷問に対する狭義の解釈が、見事な詭弁によって、そっくりそのまま再び採用されたのである。

詭弁は、巧妙で表裏のある「イエズス会的な精神」と結びつきのある日常語のなかにしばしば宿っている。パスカルは、『プロヴァンシャル』のなかでそのことを風刺している。

さて、例の神父さんは、こんなふうに語ったのだ。

「そうしたうわべの食い違いをなくす方法のひとつとして、用語の解釈による方法があります。例をあげましょう。教皇グレゴリウス十四世は、殺人者の教会の保護にあずかる資格がないばかりか、教会から追放されるべきだと宣言なさいました。ところが、わが会の二十四長老は、『謀殺者のだれもが、あの教皇の教書に定める罰を受ける必要はない』といっています。一見して、これは矛盾していると思われましょうが、〈殺人者〉という語の解釈によって折り合いをつけることができるのです。つまり、こんな具合にいうわけです。『殺人者は、教会の特権にあずかる資格がないのか。グレゴリウス十四世の教書によるならば、ない。ただし、ここでわれわれのいう殺人者とは、金銭欲しさに人を謀殺した者のことである。したがって、なんの報酬も受けず、ただ友人の恩にむくいるために人を殺す者は、殺人者とはいわないのである』。（『パスカル著作集』田辺保訳、教文館、一九八〇年）この話からは、言葉を解釈することの利便性がわかる。[9]

このパスカルの一節には、言葉の解釈という裏技によって、法律や規則によって定められたのとは逆の意味を引き出し、犯罪や過ちを正当化しようとする意志が表現されている。つまり、ある種の知的偽善の表現は、道徳に訴えるだけに不健全なのだ。

こうした「お手軽な道徳」は、相対主義あるいは自由思想につながる。聴罪司祭（罪の告白を聴き、赦免を与える司祭）に保護権を与えた当初の意図が忘れ去られてしまうという、甚大な代償をともなうのだ。

たとえば、特殊な事情に配慮し、犯罪者の気持ちに同情し、行動意識を分析し、日常生活における具体的なことを考慮し、道義的責任に関する評価をもち出すようになる。

本書では、詭弁と法律の関係は論じない。というのは、これだけで途方もなく大きなテーマだからだ。

しかし、パスカルが糾弾した悪習のように、法律が詭弁的に解釈されるようになると、学識は逸脱しながらも影響力をもつようになる。こうした学識の詭弁的な解釈からは、最悪の事態が生じる恐れがある。すなわち、犯罪が正当化されるのだ。

「非合法戦闘員」の復活

アフガニスタン侵攻後にアメリカ政権の法学者たちが採用した戦略について、おもに二つの時期から再考しよう。

一つめは、被拘留者たちがキューバのグアンタナモ湾の治外法権区域に収容された時期である。

アメリカ政権の法学者たちは、「アフガニスタンで身柄を拘束された被拘留者には、アメリカの法律で規定されている戦争捕虜としての保護を受ける資格がない」と主張したと思われる。大統領官邸宛てに、二通の外交覚書が作成された。一つは司法省のジョン・ヨーの覚書（二〇〇二年一月九日）、もう一つは国防総省のウィリアム・ヘインズの覚書だ（二〇〇二年一月二二日）。

一九四九年のジュネーヴ条約において採択された原則は、締結国間の軍事紛争の枠組みでの戦争捕虜に適用されるが、その適用範囲は、「組織化された抵抗運動団体のメンバーを含む、民兵隊および義勇隊のメンバー」にまで拡大された（第三条約、第四条（A）2）。ただし、それらの民兵隊および義勇隊は、次の条件を満たしていなければならない。

A　部下について責任を負う一人の者が指揮していること。

B　遠方から認識可能な固着の特殊標章を有すること。
C　武器を公然と携行していること。
D　戦争の法規および慣例に従って行動していること。

ところが、ジョン・ヨーによると、アルカーイダのメンバーは、それらの条件を満たしていないという。

「彼らが軍事的価値のない民間人およびその施設を攻撃したのは明白だ。彼らは、軍服や記章の着用を拒否し、武器を公然と携行していなかった。それどころか、彼らは民間機をハイジャックし、人質を取って殺害した。彼らは熟考したうえで、民間人を標的にして多くの人々を殺した。彼らは民間人を保護するという戦争の法規にも、正当な戦闘の規範にも従わない[10]」。

アルカーイダに属するメンバーが捕虜になった場合、彼らは「非合法戦闘員」にすぎないのだ。したがって、戦争の法規の枠組みで正規の戦闘員だけに適用される条項によって彼らを保護する必要はない、となる。

ウィリアム・ヘインズの見解も同様だ。「アルカーイダは国家ではなく、非政府組織のテロリスト集団だ。さまざまな国籍の者が属するこの集団は、一二カ国において活動している。そのような非政府組織には、戦争の法規に関するいかなる国際協定も適用されない[11]」。

「戦争」という概念、もっと正確にいうなら「武力紛争」の概念は国際法によって定められており、「テロとの戦い」という表現は比喩にすぎない。よって、法律および意味論からは、前述の二人のような解釈は成り立たない。

同様に、マイケル・イグナティエフは次のように指摘する。「他国からの武力攻撃とテロ行為では、もたらされる脅威は大違いである[12]」。さらに「テロリスト」という概念はきわめて広義に解釈できるため、そうした「戦争」がいつ始まったのかも、敵が誰なのかもよくわからない。

タリバンに関しては、先ほど述べた二人の法学者は次のように考えようとした。タリバンが属する武装戦闘組織は、「暴力的な犯罪集団」のようなものであり、アルカーイダと密接なつながりをもちながら「ならず者たちが暮らす破綻した国家」を支配している。彼らの支配するアフガニスタンは暴力社会になり、政治的および経済的なインフラをすべて奪われた破綻寸前の状態にある。武装戦闘組織および過激派が占拠した領土に「ガバナンス」などない[13]。

ウィリアム・ヘインズは破綻国家を次のように定義した。

一般的に、国の権力が崩壊した、あるいは崩壊寸前の状態にあるのが破綻国家だ。破綻国家の特徴は、中央権力が政府機関を維持する、法を遵守させる、他国と正常な国交を維持するなどの能力を失った点や、暴力によって社会や経済が不安定になっている点にある。[14]

二〇〇二年一月二五日、大統領法律顧問アルバート・ゴンザレスは、破綻国家の分析や助言に関する文書を、ブッシュ大統領に提出した（二〇〇四年には、ゴンザレスは司法長官に就任した）。カリフォルニア大学バークレー校の法学部教授デイヴィッド・カロンは、国の権利および義務に関する条約であるモンテビデオ条約（一九三三年）などの国際法に基づけば、国家はおもに四つの基準によって定義できると述べた。

——国民が領土に恒常的に存在すること。

——明確に定められた領土があること。

——国民は政府に従うこと。

——他国と外交関係をもてること。

アラブ首長国連邦、パキスタン、サウジアラビアを除き、多数の国がアフガニスタンを国家として認めるのを拒否し、一九九六年から二〇〇一年にかけて国連におけるアフガニスタンの議席が空席だったとしても、ブッシュ大統領ならびにブッシュ政権の法学者たちの解釈と異なり、それらの四つの基準に照らし合わせると、タリバンの支配するアフガニスタンが国家ではないとまでは断言できない[15]。

もっとも、国務長官だったコリン・パウエルは、ゴンザレスが二〇〇二年一月の文書で示した見解を激しく批判した。この批判を受け、ジョージ・W・ブッシュ大統領は、グアンタナモ湾収容キャンプに拘留されたタリバンとアルカーイダのメンバーを「ジュネーヴ条約の原則を遵守して」人道的に扱わなければならないことを認めた（二〇〇二年二月七日の大統領官邸の報道担当官アヴィ・フレイシャーの談話）。

フレイシャーによると、法律を厳密に解釈すると、タリバンとアルカーイダのメンバーを法的保護が適用される戦争捕虜とみなすことはできないという。なぜなら、彼らは国家の兵士ではなく、「非合法戦闘員」だからだ。

タリバンに関しては、二〇〇二年二月七日のアメリカ大統領の談話のなかで「これまでタリバンがアフガニスタンの軍事力の一部であったことはない」という主張があった。そのうえ、彼らはジュネーヴ条約の第四条で規定されている条件を満たしていない。「なぜなら、軍服を着用していない彼らは、戦争の法規および慣例を適用させる命令系統に従って行動しているのではなく、彼ら自身も法規や慣例を遵守しようとしないからだ[16]」。

次に、四〇年以上前の時期を振り返ってみよう。アルジェリアで破壊活動の阻止にたずさわったフランスの専門家が提示した、今から四〇年以上前の議論を、ほぼ一字一句紹介するのも無駄ではないだろう。

一九六一年にロジェ・トランクイール大佐は、『近代戦争』（この本はラテンアメリカ諸国の独裁者を含め、あらゆる年齢層の軍人が愛読した）のなかで次のように述べた。

「テロリストは軍服を着用していないだけでなく、テロリストが攻撃するのは、自分の身を守ることができない無防備な人々だ。（……）現在の法律は、こうしたタイプの攻撃を想定して作成されていないため、現在の法律によってテロ行為に対処することはできない[17]」。

ジャーナリストのマリー＝モニク・ロバンは次のように説明する。

「言い換えると、次のような解釈だ。テロリストの行動様式から考えて、テロリストたちは、戦争の法規が想定しているどの部類にも属さない。よって、彼らはジュネーヴ条約をはじめとする戦争の法規に則して扱ってもらうように主張できない[18]」。

国際法をこのように限定的に解釈することによって、フランス軍が大規模な暴虐行為におよんだことは周知の事実である。その四〇年後、今度はアメリカ軍がアフガニスタンやイラクにおいて、フランス軍と同じような理屈をもち出して逸脱したのである。

タリバン政権下のアフガニスタンは「破綻国家」だという見解に異議を唱える優秀な法学者もたくさんいた。ジュネーヴ条約の限定的な解釈は、いかなる戦闘にもジュネーヴ条約を適用するという国際法の拡大傾向と矛盾するようになったのである。

ジョージ・ワシントン大学の法科大学院のレイラ・ナディア・サダット教授は次のように指摘した。

「人道に関する国際法は、被拘留者および捕虜の扱いに関して、最も厳しい制限を課すべきであり、それらは軍事的に制圧しているときも含め、いかなるときでも適用されなければならない。（……）とくに、自由を奪われた人物に関しては、われわれは《人道的かつすべての人間が有する尊厳に基づく待遇を保証しなければならない》[19]」。

拷問人に対する免責

行政当局の法学者たちが作成した覚書のなかでも、拷問を法律面から正面切って正当化したのは、二〇〇二年八月一日にジェイ・S・バイビーとジョン・ヨーがアメリカ司法省の弁護士局から発表した覚書だ。

この覚書で、拷問は狭義に定義された。すなわち、明確な意図をもつ行動によって、身体の器官や機能の破壊をともなう苦痛、さらには死にも等しい激しい肉体的苦しみを課す行為が拷問だと定義されたのだ。逆にいえば、そのような極端な行為でなければ、屈辱的かつ下劣な行為であっても、拷問とみなさない。拷問の意図に関して、このような実に詭弁的で異様な見解が示されたのである。意図的に苦痛を与えるのではなく、情報を得ることだけが目的なら、拷問ではないと解釈できるのだ。言い換えると、明らかなサディズムに基づく行為が拷問なのである（一般的に、国家が行う拷問はサディズムに基づくものではない）。

尋問官が明白な意図をもって極度の苦痛を課したと証明できないのなら、それは拷問ではない。ジェイ・S・バイビーはそのような解釈によって、尋問官の行動の意図を、情報を得るための「一般的な意図」と、刑事罰に相当する「特殊な意図」に区分した[20]。「尋問官は、自分が拘束する、あるいは自分の支配下にある人物に対して極度の苦痛を課すという明確な目的がある場合のみ、拷問の罪に問われる。理論的な観点からは、《拷問を課して》情報を得ることは特殊な意図に該当しない[21]」。

バイビーの覚書の意味は明白であり、その解釈に曖昧さが入り込む余地はまったくない。こうして、拷問の目的が被拘留者を痛めつけるのではなく、有用な情報を得るためなら、情報機関の職員が拷問の罪に問われることはなくなった。バイビーの覚書により、尋問官は尋問のあり方が法的に問題になることを心配しなくてもよくなった。こうした尋問は法的に承認されたのであり、確実に免責になると保証されたのである。

このようにして、国際協定が糾弾する行為が認可され、イラク、キューバ、アフガニスタンなど世界各地で、拷問が行われるようになった。

ジョージタウン大学（ワシントン）の法哲学者デイヴィッド・ルーバンは次のように記している。

「二〇〇四年一二月に流出したＦＢＩの資料からは、グアンタナモ湾収容キャンプの尋問官たちによる被拘留者への組織的な虐待が明らかになった。被拘留者に対し、一日中苦痛をともなう姿勢をとらせ、強烈な光を照射し、耳をつんざく音楽を聞かせたのである。被拘留者たちは、首を絞められたり、殴られたり、耳の穴に火のついたタバコを押し当てられたりしながら、非合法な尋問を受けた[22]」。

国際法上、このような政策は犯罪だ。つまり、国家の犯罪である。ところが、二〇〇六年九月にアメリカ議会は、軍事委員会法の採択によってこの政策を合法化した。法律の中身は、二〇〇一年一一月一三日にブッシュ政権が調印した軍事命令を踏襲したものだった[23]。テロ行為への関与、あるいはそれに類する行為の支援が疑われる者に対しては、特別な軍事裁判が行われることになったのである。これは一九四二年以来の出来事だった。

二〇〇六年九月：「拷問法」の採択

この法律の条項に従い、アメリカ軍の最高司令官としてアメリカ大統領は、「戒厳令状態の地域や占拠された地区では状況に応じて」軍事委員会を設立でき、「非合法戦闘員」の疑いのある人物なら無期限にわたって拘束できると認可した。

非合法戦闘員の定義は、「アメリカとの戦闘に従事する、あるいはアメリカとの戦闘に対して物質的な支援を積極的に行う人物」である。

アルカーイダのテロリストと、アメリカ政府の政策に反対する特定の国や組織に何らかの支援をしている疑いのある人物との区別をなくすために、非合法戦闘員の定義は、このように曖昧模糊としたものになったのである。

しばしば拷問法と呼ばれるこの法律に関して最も問題になったのは、軍事委員会の判事が「供述が信用でき、供述が証拠として説得力をもつ」と判断した場合、噂や強要された自白を証拠として認めた点だ。ただし、供述を得る際の尋問方法は、二〇〇五年一二月二〇日の法律（被拘留者取扱い法）によって禁じられている「残酷かつ非人道的で下劣な扱い」であってはならないと定められた。だが、その制約は、この法律が制定された日以降に得られた情報にだけ適用されることになった。

言い換えると、今後、尋問官が拷問を行えば、尋問官は刑事告訴されるが、二〇〇五年一二月以前の拷問によって得られた情報については、軍事裁判に提出可能であった。それはすべての民主国家において認められている刑事法の一般原則に反する不明瞭な法条項だった。さらに、判事は防衛秘密や国土安全確保という理由から、証拠を得たときの状況を弁護士に詳述する必要はなかった。

アメリカ共和党上院議員で司法委員長のアーレン・スペクターが当時認めたように、新法のいくつかの条項がアメリカ憲法に反することは歴然だった。スペクターは討論の際、次のように述べた。「テロとの戦い」において拘留した容疑者の人身保護令状[24]に関する法律を否定するその法律により、「われわれの文明社会は、九〇〇年ほど後退することになるだろう」。つまり、イギリス法に民主主義の原則であるマグナ・カルタが制定される一二一五年以前まで逆戻りするのだ。

スペクターは次のように主張した。「議論の焦点は、アメリカ議会はアメリカ憲法そのものに含まれる根本規範を明確に否定する法律を制定するのか、という点だ。つまり、アメリカの最高裁判所は、外国人に認めている権利を否定するのか、ということだ」。

アメリカ憲法の第九節の第一条は次のように規定している。「人身保護令状の特権は、反乱または侵略など、治安維持に必要がある場合を除き、停止されてはならない」。そうはいっても、ブッシュ政権の政策担当者やアメリカの議員のなかで、二〇〇一年九月一一日の同時多発テロ事件がこうした事例に相当するのではないかと述べた者は誰もいなかった。法案の他の条項も、公正な裁判にとって必要な条件を定めたアメリカ憲法修正第六条を侵害している。

すべての刑事上の訴追において、被告人は、犯罪が行われた州および、あらかじめ法律で定められた地区の公正な陪審によって行われる迅速な公開裁判を受け、また公訴事実の性質と原因とについて、告知を受ける権利を有する。被告人はまた、自己に不利な証人との対審を求め、自己に有利な証人を得るために強制的な手続きを取り、また自己の弁護のために弁護人の援助を受ける権利を有する。

ところが二〇〇六年の法律では、グアンタナモ湾収容キャンプをはじめとする他の施設に拘留された捕虜たちには、自分たちが罪に問われた証拠や証言を知る権利はなく、すべては軍および指揮官の直接的な監視下にあるため、彼らの弁護士たちは蚊帳の外に置かれた。現実には、弁護士たちは自分たちの役割を果たせない状態だった[25]。

そのような憲法上の権利侵害は、テロ行為に怯える国民の不安を育み、「犯罪」ともいえる統治形式の基礎を築いた[26]。

ダライアス・レジャリは次にように指摘する。

「魔法の言葉を唱えても、ロバはフェラーリにはならないように、ある行為が法律的に認められても、それが《拷問でない行為》に変質するわけではない[27]」。法形式あるいは明確な法律の観点から、過去では犯罪だったことが今日では正当な行為になるのは、魔法ではなく、法律ができることの道徳的限界を物語っている。

法が定める境界線とイスラエル高等法院

超えてはいけない境界線がある。ところが、境界線の位置は定義の仕方によって揺れ動く。「歯止め」になる法律が変わると、境界線の位置は移動するのだ。境界線を動かす行為は「逸脱」と呼ぶべきだろう。

アフガニスタン、イラク、キューバなどの収容所で拷問が行われた事実は、今日、誰もが知っている。逸脱が横行したのである。それらの収容所は「無法地帯」と化したという証言もあった。いずれにせよ、これらは同じことである。つまり、境界線を定めるのは法律であり、だからこそ拷問については、法律に関する考察が重要なのだ。

許される正義と、許されない不正義は、法律によって区分される。法律によるこうした区分は、経験的事実だけに認識の根拠を認める「実証主義者」の定義を超越する。

拷問を合法化しようとしたアメリカの行政機関の法学者たちの役割も危険だった。「歯止め」を壊し、われわれが想像していた以上に多くの深刻で悲惨な逸脱行為に道を開いたのは、彼ら法学者たちだった。法律アドバイザーの役割は、クライアントの法律違反を隠蔽することではなく、ましてや罪を許すことではない。彼らの役割はクライアントが遵守しなければならない規則や法律を中立な立場から客観的にアドバイスすることだ。それなのに彼らは、職業倫理に照らし合わせれば抵抗すべきだった政治圧力に屈し、法の「歯止め」を壊したのである。[28]

比較の対象として、一九九九年九月六日にイスラエル高等法院が「イスラエル情報機関の尋問テクニックの合法性」[29]に関して下した判決を紹介する。その違いは明瞭である。

イスラエルはテロの脅威に絶えずさらされている国であり、イスラエルを敵視する明白なイデオロギーをもつ集団は、イスラエルの壊滅を望んでいる。テロの脅威に立ち向かわなければならない法治国家は、自国の安全保障を確保すると同時に、民主主義に根差す道徳律を尊重しなければならない。だが、そのような叡智が感じられる決定は、これまでほとんどなかった。よって、次に紹介する判決は大きな意味をもつ。

イスラエルの判事たちが公正な尋問という概念に合致する尋問行為と、そうでない行為を区別するために行ったのは、法律を厳格に解釈することだけではなかった。彼らは自国が抱える恒常的な危険を考慮するだけでなく、自分たちの良心にも従いながら法を解釈する任務を帯びた法の番人としての責任感から、それらを区分しようとした。

イスラエル高等法院では、イスラエル情報機関（GSS）の利用する四つの尋問テクニックに関する合法性が争われた。

一つめは、被拘留者を暴力的に揺さぶる（アル・ハッツ）などの肉体的苦痛を与える尋問テクニック。

二つめは、被拘留者に「シャバク」と呼ばれる姿勢をとらせる尋問テクニック（頭を布袋で覆い、耳をつんざくような音楽を聞かせる。低い椅子に座らせ、腕を背中に回して手錠をかけることによって腕や首の筋肉を傷めつけ、激しい頭痛を催させる）。

三つめは、手錠をきつく締めて行う尋問テクニック。

四つめは、睡眠を奪う尋問テクニック。

これら四つの尋問テクニックに関して、弁護士や国の代表者から意見聴取が行われた。弁護士たちは、これらの尋問テクニックを犯罪行為だと糾弾した。一方、国の代表者たちは、これらの尋問テクニックは常に厳格な管理下で行われており、イスラエルの刑法に明記されている「治安を維持するうえで必要な措置」に該当し、国際法だけでなく国内法にも抵触しないと主張した。ランダウ委員会という調査委員会は、「人命を救うために情報が必要な状況」では、尋問官は「心理的苦痛」や「ある程度の肉体的苦痛」を与えることができると結論づけた[30]。

しかし、イスラエル高等法院はそれらの見解に与しなかった。「シャバク」という尋問テクニックを明確に禁止し、肉体的苦痛を与える尋問テクニックも「公正な尋問」ではないと判断した。判決では、「容疑者の頭を袋ですっぽりと覆うと、容疑者は、苦痛を感じ、視覚を損ない、心身ともに衰弱し、時空の感覚を失い、息苦しくなる」ので、目隠しをするのならタオルで目を覆うように命じた。

さらに注目すべきは、「治安を維持するうえで必要な措置」という理屈を否定した際の言い回しである。刑事訴訟において被告〔尋問官側〕は、治安を維持するうえで必要な措置だったと〔拷問の実施を〕抗弁できるとしても、この理屈に基づいて常に〔拷問を行えという〕指令を出すことはできない、と述べたのだ。

イスラエル高等法院は、「イスラエル情報機関には、治安維持のために尋問官が被拘留者の肉体に苦痛を課す手段を利用してもよいかを判断する権限はない。(……)必要かどうかは、事後の判断によるものであり、事前には判断できない」と説明したのである。

イスラエル高等法院は、もし国家がイスラエル情報機関の尋問官による肉体に苦痛を課す尋問テクニックの利用を認めたいのなら、イスラエル高等法院が法律によって承認しなければならないと考えたのだろう。

判事たちは次のような事態を想定したのである。「テロ活動への関与が疑われる容疑者を尋問する際に、肉体的苦痛を課す尋問をイスラエル情報機関の尋問官に許可すれば、容疑者の自由や尊厳は毀損される。そうなれば、法律、社会、倫理、政治に関して、根源的な問題が生じるだろう。また、法の支配と治安についても再考を迫られることになる」。

権力と距離を置くこの見識の高い判決の結論を紹介したい。

法治国家では、政府や情報機関の責任者にも、テロ活動への関与の疑いのある容疑者に肉体的苦痛を課す尋問を行う指令や許可を出す権限はない。それは、尋問の概念そのものから導き出せる一般的な指令を超える越権行為だろう。

このような根拠に基づき、イスラエル高等法院は、国家が拷問を合法化しようとするのを阻止した。判決は、法律を単に厳格に解釈したのではなく、当然ながら実定法の現状に則するものである。

こうして、現行の法律の条項を修正すべきではないかという議論は先送りされた。いずれにせよ、たとえテロ活動への関与が疑われる人物に対する尋問であっても、公正で合法的な尋問を行う際には、人間の尊厳に関する原則を遵守しなければならないことを確認する、またとない機会になったのである。

将来的には、アメリカの最高裁判所の判事たちも、イスラエル高等法院の判事たちを見習って強制的な尋問テクニックを糾弾してくれることを願うばかりだ。しかしながら、これまでに紹介したのは、イスラエル高等法院の判決であり、判事たちが糾弾したイスラエル国家が遂行している逸脱した政策についてではない。道徳および法律の面からの指導があったからといって、イスラエル情報機関がこの判決に従ったと考えるのは、あまりにもナイーブだろう。

四つの尋問テクニックが禁止されても、予想されたことではあったが、心理面にこれまで以上に働きかける尋問テクニックが登場した。実際に、イスラエル情報機関はイスラエル高等法院のこの判決の影響から、それらの禁止事項に抵触しない尋問テクニックを開発した。『イスラエル拷問撲滅委員会』をはじめとするイスラエルの独立系機関の発行する報告書は、被拘留者に対するひどい扱いを告発している。犠牲者はパレスチナ人であり、彼らのなかには、子供もかなり含まれているという。[31]

ダライアス・レジャリによると、被拘留者の八五%と尋問を受けた者の九四%は、さまざまな形態の拷問を受けたという。[32]

だからといって、イスラエル高等法院の決定が、何の役にも立たなかったというわけではない。イスラエル高等法院のおかげで、法律と政治の軋轢が明らかになったのである。同様に、権力を分立させるために維持されてきた判事の独立性と、行政官が抱える政治的圧力のせめぎ合いも明らかになった。

民主主義体制において、憲法評議会は、法の原則を遵守するための最後の砦である。そのおもな理由は、憲法評議会には立法機関よりも大きな独立性があるからであり、立法機関はさまざまな理由から、時の権力者の要求や世論にさらされるからだ。

九月一一日の同時多発テロの翌日にアメリカが導入したような例外的な司法が確立されるようでは、民主主義には正義を守る裁判があるという理念さえ消失してしまう。歴史家ピエール・ヴィダル＝ナケが指摘するように、法律、裁判、訴訟は、「臨機応変」であってはならないのだ[33]。

第3章　アメリカは世界中で拷問を行う

「私は、自分自身の行動、そして自分が属する国の活動だけでなく、人類の行いについて恥ずかしく思う。人間であることが恥ずかしい」

ジェシー・グレン・グレイ〔アメリカの哲学者[1]〕

九月一一日の同時多発テロ事件の翌日、ブッシュ大統領は「テロとのグローバルな戦い」に挑むと宣言した。そうしたなか、ＣＩＡは、アフガニスタン、グアンタナモ、イラクなどにある秘密収容所において、情報を収集するための手段として拷問を再び利用し始めた。二〇〇一年九月一七日にブッシュ大統領が署名した大統領令により、それらの収容所には、数百人の「幽霊囚人」が移送された。

アルフレッド・マッコイによると、「一万四〇〇〇人ほどのイラク人被拘留者は厳しい尋問を受けた。拷問が行われることもあった。グアンタナモやバグラム（アフガニスタン）では、《情報価値が高い》一一〇〇人の被拘留者に対し、拷問をともなう徹底した尋問が行われた。テロ活動との関与が疑われる一五〇〇人は、特例拘置引渡しの対象となり、被拘留者に対する残虐な扱いで知られる国へ移送された。六八人は拘留中に変死した。アルカーイダの主要メンバーである三六人は、数年間にわたって拘留され、ＣＩＡによる拷問を受けた。二六人の拘留者は、尋問中に殺害された。殺害された二六人のうち四人は、ＣＩＡの職員によって殺された」[2]。

二〇〇八年六月、グアンタナモ湾収容キャンプには、まだ二七〇人の被拘留者がいた。彼らのなかには、裁判なしで拘留期間が六年におよぶ者もいた。

特例拘置引き渡し：モハメッド・ビニャム事件

アメリカの情報機関は、アジアや中東の国々など、世界中に分散した秘密刑務所において拷問を行った。アルカーイダの幹部に違いないと疑われた者たちは、ネイビー・シールズ（アメリカ海軍の特殊部隊）やデルタフォース（アメリカ陸軍の特殊部隊）の先鋭部隊によって拉致された後、秘密刑務所へ移送された。手錠をかけられ、頭巾をかぶらされた被拘留者は、尋問を受けるためにCIAの秘密軍用機に乗せられた。尋問の際には、外国の情報機関の職員も参加し、拷問も行われた。[3]

ブッシュ大統領が認可した最高機密計画は、国防長官ドナルド・ラムズフェルドと情報担当国防次官スティーブン・カンボーンによって遂行された。もっとも、ブッシュ大統領は、二〇〇人ほどしか知らないそうした計画の存在自体を否定し続けた。[4]

「特例拘置引き渡し」で最もよく知られているのは、エチオピア国籍でイギリス在住のモハメッド・ビニャムの例である。[5]

二〇〇二年四月一〇日、ビニャムはパキスタンからロンドンの自宅へ戻ろうとしたところ、パキスタンのカラチで逮捕された。彼の日記には、アフガニスタンとパキスタンを訪れたのは薬物依存を断ち切るためであり、また「イスラーム国」を自分の目で確かめたかったからだと記してあった。しかし、ビニャムがイギリスに住む友人のパスポートを使用したのを発見したパキスタン当局は、ビニャムを拘束し、アメリカの尋問官に引き渡した。

拘留されたモハメッド・ビニャムは、パキスタン各地の収容所を転々とさせられ、アルカーイダのメンバーであることを理由に、アメリカの尋問官によって定期的に鞭で打たれた。拘留されてから三カ月後、パキスタン警察は、ビニャムをイスラマバードの軍用空港に連行し、そこで待ち構えていた覆面をした黒服姿のアメリカ人たちに彼を引き渡した。裸にされた彼は、肛門に異物を押し込まれた。二〇〇二年七月二二日、モロッコのラバドに向かう飛行機では、囚人服を着せられ、目隠しをされ、手錠をはめられ、耳にはヘッドフォンをつけさせられ、起立した状態でいるように命じられた。

モロッコのラバドでは、ビニャムは数週間にわたってモロッコ人に尋問されたが、黙秘した。「サラ」という名前の自称カナダ人の白人女性が頻繁に会いに来て、尋問に応じるようにと彼を説得した。七月末ごろに「サラ」は彼に次のように語った。「もしあなたがしゃべらないのなら、アメリカ人はあなたを拷問するつもりよ。電気ショックを与えるなど、あなたを散々痛めつけるわ」。その数日後、アルカーイダの指導者たちの写真をもって収容所に再び現われた彼女は、彼にこう言った。「あなたにとってこれがアメリカ人たちに協力する最後のチャンスよ」。

八月六日の夜、覆面をした黒服姿の三人の男たちが彼の独房に入ってきた。彼らはビニャムの両腕を背後に回して手錠をはめると、彼を殴り続けた。

一〇分くらい経過すると、私は瀕死の状態になった。そうした状態が数時間続いたと思う。お願いだから横にならせてくれと頼んだが、いつまでそう頼んだかは覚えていない。起立するように命じられたが、激痛に耐えかね、膝から崩れ落ちた。彼らは私を抱え起こしたかと思うと、再び殴り始めた。起き上がると、彼らは太ももを殴った。私は最初の一撃で嘔吐した。しかし、もう何もしゃべらなかった。言葉を発する気力も意志もなかった。この悪夢のような仕打ちがはやく終わってくれと願うだけだった。[6]

一週間後、モハメッド・ビニャムは別の収容所に移された。彼の独房からは、被拘留者が拷問に苦しむうめき声が聞こえた。独房に入ってきたモロッコ人の尋問官たちは、供述するよう迫った。彼らはビニャムを素っ裸にすると、メスのようなもので彼の上半身とペニスを切りつけた。その一カ月後、尋問事項が書かれた書類を手にして独房にやって来た彼らは、またしてもメスのようなもので彼を切りつけた。彼らはベニャムに対し、攻撃すべき対象をウサーマ・ビン・ラーディンにアドバイスする、ラーディンの側近であり、アルカーイダの指揮官だと認めるように迫った。ビニャムは、モロッコの収容所に一八カ月間拘留された挙句、ついにアルカーイダに関するさまざまな活動について供述した[7]。二〇〇四年一月二一日、モロッコ人の尋問官たちは、彼にもう帰宅してよいと言った。ところが実際には、アメリカ人たちは、彼をアフガニスタンのカブールへと連行したのである。カブールに到着すると、ビニャムは、「暗闇の収容所」として知られているＣＩＡの収容キャンプに拘留された。

私は何度も壁に叩きつけられた。ついに額から血が流れ出るのを感じた。その後、縦が二・五メートルで横が二メートルほどの独房に押し込められた。（……）彼らは私をその独房に拘留した。睡眠時間は一日数時間だったが、両脚はむくみ、腕は指先までしびれていた。拘留されている間、食事は一日一回。自分は死んでこの世からいなくなるのだと思った。

ビニャムによると、耳をつんざく音楽を終始聴かされ、「多くの被拘留者は気が狂った」という。「気が狂うと絶叫しながら被拘留者たちが頭を壁や扉に打ちつける音が聞こえた[8]」。二〇〇五年九月、モハメッド・ビニャムは、キューバのグアンタナモ湾収容キャンプに移送された。

同年の一一月、アメリカ政府は、ビニャムはアルカーイダのメンバーと陰謀を企て、アルカーイダの訓練を受け、アフガニスタンにおいてアルカーイダのメンバーとして戦ったと断罪した。さらにアメリカ政府は、ビニャムはグアンタナモ湾収容キャンプの被拘留者を解放する目的から、アメリカに対して「汚い爆弾」攻撃を仕掛けようと企み、パキスタンでホセ・パディラとアブ・ズベイダ〔両者ともアルカーイダの幹部〕に会ったと非難した。[9]

モハメッド・ビニャムは、イギリス人弁護士クリーヴ・スタフォード・スミスを通じて、モロッコでの一八カ月にわたる拘留期間中に、無理やり供述させられたと訴えながらも、アメリカの報告書の内容を認めた。だが今日、彼は、自分の供述は完全な作り話だと主張している。

現実的に考えて、彼が三一のテロ計画に参画したとは、とても思えない。彼は、拷問によって供述したのである。アメリカ国防総省の軍事委員会の弁護士ドワイト・サリヴァン大佐によると、それらの供述は、「われわれが強制的な手法を認めてはならないことを証明するための九去法〔その計算が正しいかを簡単に確認する方法〕」だという。[10]

二〇〇七年八月七日、イギリス当局はアメリカ当局に対し、モハメッド・ビニャムをグアンタナモ湾収容キャンプから解放するように要求した。もっともイギリス当局は、この交渉がまとまるには数カ月が必要だと彼に説明した。[11] 実際に二〇〇八年初頭、彼はまだ収容キャンプにいた。

「われわれが戦う相手は、テロ国家だ」

ビニャム以外にも、「特例拘置引き渡し」に関する例はたくさんある。二〇〇一年一〇月二三日、パキスタンの情報機関は、カラチ大学〔パキスタン〕の学生ジャミール・クワジム・サイード・モハメッドを拘留した。モハメッドはアメリカ当局に引き渡された後、手錠をかけられて白いガルフストリーム〔ビジネスジェット機〕に乗せられ、ヨルダンに移送されたと思われる。[12]

同様に記録に残っているものとしては、イスラーム過激派グループとのつながりを疑われたアフメド・アギザとモハメッド・アル＝ゼリーの二人のエジプト人の例である。彼らはスウェーデンで暮らす難民だった。二〇〇一年一二月一八日、スウェーデン当局に身柄を拘束された彼らは、ストックホルム郊外にあるブロンマの空港に連行され、CIAの職員に引き渡された。素っ裸にされた彼らは座薬を挿入され、オレンジ色の囚人服を着せられた。頭巾をかぶせられ、足かせと手錠をはめられた。移送先のカイロの収容所では、電気ショックを与えられるなど、数カ月にわたって拷問を受けた。[13]

アル＝ゼリーが解放されたのは、拘束されてから二年後だった。彼がテロ集団に関与した証拠は一切見つからなかった。

一方、アギザは、ウサーマ・ビン・ラーディンの側近アイマン・ザワーヒリーとは一〇年前に関係を絶ったと説明し、イスラーム過激派グループによる暴力は許せないと主張し続けたが、二〇〇四年四月にエジプト軍事法廷は、ザワーヒリーに協力したとしてアギザに禁固一五年を求刑した。

二〇〇二年一月一一日、靴底に爆弾を隠し持っていたリチャード・リードと共謀したとして、二四歳の学生ムハマド・サード・イクバル・マドニは、CIAの要請により、ジャカルタ（インドネシア）で拘束された。マドニは、カイロ行きの飛行機に乗せられ、カイロの収容所で拷問を受けた。その後、アフガニスタンのバグラム収容所を経て、二〇〇四年には、グアンタナモへ移送された[14]。

これまでに紹介した例は、九月一一日の同時多発テロ後に起きた失踪事件であり、他にも多数ある。匿名を条件にアメリカ当局の職員は、「九月一一日の同時多発テロ事件後、このような移送は頻繁にあった。こうしたやり方によって、アメリカ本土ではできない尋問テクニックを使ってテロリストから情報を引き出すことができた[15]」と『ワシントン・ポスト』に語っている。

特例拘置引き渡し計画は大規模な犯罪であり、この計画には陰謀めいた特徴があった。一部のジャーナリストによると、この計画では、CIAによって身柄を拘束された者は百数十名に達したという。[16]もっとも、ブッシュ大統領をはじめ、アメリカ当局はそうした指摘を否定し続けている。[17]ノーム・チョムスキーが冗談めかして言うように、「他国はテロリストと戦っているが、アメリカが相手にしているのはテロ国家だ。アメリカは偉大な国なのである」。[18]

しかし、そうした活動を秘密裏に実行できる国はアメリカだけではない。二〇〇八年四月のイギリスの一般紙『ガーディアン』[19]によると、M15（イギリス保安局）も、パキスタンにおいてテロ活動に関与している疑いのある人物や、アルカーイダのメンバーの疑いがある人物など、イギリス国籍の複数の人物を間接的に拷問したと思われるという。

今日、パキスタン軍統合情報局（ISI）の職員が拷問を行ったという証言は数多くある。拘留された容疑者たちは、ラーワルピンディー〔パキスタン北部にある都市〕の収容センターにおいて、蹴られる、殴られる、鞭で打たれる、睡眠を奪われる、手の爪を剥がされる、電気ドリルで脅されるなどの拷問を受けた。それらの人々は、イギリス当局が尋問するよりも先に、イギリス当局の要請によって拘留されたのだ。

二人の容疑者の弁護士であるロンドン在住のタヤブ・アリは、『ガーディアン』に次のように断言した。「イギリスの情報機関は、イギリス国民に対する不当拘留および拷問を、あらかじめ入念に計画していたとさえ考えられる。そうでなくても、見て見ぬふりをしたに違いない」。

イギリス当局は、彼らを在外イギリス人として一切保護せず、彼らが外国当局ではなく自国で尋問を受ける措置も講じなかった。その後、彼らは飛行機に乗せられ、イギリスに到着すると同時に逮捕された。『ガーディアン』は、「M15の全職員が、外国の情報機関の職員に、被拘留者に対するひどい扱いを委託したようなものだ」と論じた。

アブグレイブ刑務所、「地獄への入り口」

ドナルド・ラムズフェルド〔国防長官〕は、スティーブン・カンボーン〔情報担当国防次官〕と協力して、イラクにおいてそうした残虐な拷問を実施する決定を下した。二〇〇九年九月、ラムズフェルドは、バグダッドのアブグレイブ刑務所での尋問テクニックを見直すように、グアンタナモ湾収容キャンプを指揮したジェフリー・ミラー司令官に命じた[20]。グアンタナモ湾収容キャンプでの尋問は、効果が乏しいとみなされていたのにもかかわらず、ミラー司令官に命じられたのは、イラクでの情報活動システムを「グアンタナモ湾収容キャンプ化」することだった。

アメリカ軍の特殊部隊や情報活動に従事するメンバーたちは、「情報価値の高い」と思われる被拘留者であれば、彼らから情報を最大限に引き出してもよいと許可された。その目的は、アメリカ軍に次々と襲いかかる暴動に対処し、そのような暴動によってイラクが第二のベトナムにならないようにするためだった。民間人と同じ簡素な服装をしたメンバーたちは、偽名を用いていた。現場の職員たちは、メンバーたちがどの部隊に属しているのかさえ知らなかった。

二〇〇三年九月一四日にリカルド・サンチェス中将〔在イラクアメリカ軍の司令官〕がアブグレイブ刑務所の尋問官に対し、心理的な拷問の使用を許可したことが、彼のメモから明らかになった。拷問には、食事や睡眠の時間の変更、独房での拘留、爆音を聞かせる、苦痛な体勢を取らせるなどの被拘留者の環境を操作することや、軍用犬を配備するなどの行為が含まれていた。アメリカ軍の尋問マニュアルでは、それらすべてのことは禁止されていた。アブグレイブ刑務所では、グアンタナモ湾収容キャンプ以上に残虐な行為が行われたのである。

ある被拘留者の証言を紹介する。

二〇〇三年一〇月一五日、尋問官たちは、さまざまな方法で私を罰し始めた。(……)両手を上にあげた姿勢で手錠をかけられ、七時間から八時間にわたって放置されたため、右腕の靱帯が切れてしまった。(……)その翌日からは、真っ裸にされ、頭には布袋をかぶせられた。寝るのも床の上だった。[21]

アルフレッド・マッコイによると、「サンチェス司令官は明らかに（……）人間の精神に対してあらゆる角度から全面的な攻撃を仕掛ける命令を発した」[22]という。このようにして、残虐なサディズムや極度の屈辱に満ちた行為が横行する環境が整ったのである。そして二〇〇四年四月に、アメリカのテレビ局CBSがアブグレイブ刑務所で起きたことを暴露する写真やビデオを放映すると、世界中の人々は震撼した。

それらの残虐な行為は、おもに刑務所の1—Aと1—Bという区域で起きた。イラクの刑務所長ジャニス・カルピンスキー司令官はそれらの区域の指揮を、情報機関に属する二人の将校であるトーマス・パパス大佐とステーヴ・ジョルダン中尉に委ねていた。数カ月が経過して一一月になると、アブグレイブ刑務所全体だけでなく、キャンプ・クロッパーと呼ばれるバグダッド空港近くの秘密収容所も地獄と化した。キャンプ・クロッパーの管理は、パパス大佐が指揮官を務める第二〇五軍諜報師団が行っていた。パパス大佐自身の直属の上官はリカルド・サンチェス中将だった。

それらの残酷な写真やビデオが世界中に配信されると、アメリカ軍の調査部や赤十字国際委員会などの独立組織は、さまざまな調査を実施した。

アメリカ軍が行った調査のなかでも内容が最も明瞭で手厳しかったのは、二〇〇四年三月初頭に発表されたアントニオ・タグバ少将の報告書だった。[23]この報告書には、二〇〇三年一〇月から一二月にかけて、第八〇〇憲兵旅団の第三二〇大隊と第三七二大隊に属する男女の一部が、複数の被拘留者に対して行ったサディスティックで残酷な行為が詳述されていた。

それらの残虐な行為を少し紹介する。

「被拘留者に対し、殴る蹴る、平手打ちを食らわせる。男性および女性の被拘留者に明らかにセクシャルな姿勢をとらせて、そうした姿をビデオや写真に収める。男性の被拘留者に対し、数日間にわたって真っ裸でいるように命じたり、女性用の下着を着用するように命じたりする。男性の被拘留者の集団に対して、ビデオやカメラの前でマスターベーションするように命じる。男性の被拘留者たちに人間ピラミッドをつくらせ、その上を飛び越すように命じる。頭に布袋をかぶせられた真っ裸の被拘留者に、手足の指とペニスに拷問の電流が流れるようにワイヤーをとりつけ、拷問台に立たせる。被拘留者の首に犬の首輪をつけさせ、その姿を近くにいる女性の兵士が写真に収める。憲兵によって強姦された女性の被拘留者の姿を写真に収める。口輪をはめていない軍用犬で被拘留者を脅す。少なくとも被拘留者の一人は、軍用犬に噛まれて大怪我をした。死んだイラク人の被拘留者の写真を撮る」。

報告者たちによると、それらの蛮行に加え、次のような行為もあったという。「ケミカルライト〔化学発光による照明器具〕を破壊し、漏れ出た液体を被拘留者の皮膚にかける。ピストルの銃口を突きつけて脅す。裸の被拘留者に氷水を浴びせかける。ほうきの柄や椅子で被拘留者を殴る。男性の被拘留者を強姦すると脅す。被拘留者の肛門にケミカルライトやほうきの柄を挿入する」。

頭に布袋をかぶせ、身体のあちこちにワイヤーをとりつけて拷問台に立たせる拷問に関して、この蛮行を企画した主犯格とみられた憲兵の予備役軍人サブリナ・ハーマンは、アメリカ軍の情報機関の職員が「彼らの口を割らせようとしていた」ので「職務上、被拘留者の意識をはっきりさせるためにやった」と証言した。ようするに、ハーマンは、刑務所の看守の任務と、情報を収集する任務を混同していたのである。

そのうえ、タグバ少将も指摘したように、現場にいた男女は被拘留者の扱いについて何の知識もなく、ジュネーヴ条約の存在さえ知らなかった。

タグバ少将の報告書では、指揮系統の乱れも指摘された。それらの憲兵隊を指揮下に置くジャニス・カルピンスキー司令官の怠慢が指摘されたのである（しかし、現実は異なる）。

しかしながらタグバ少将は、それらの逸脱の責任が国のもっと高い地位に就く者たちにあるとは非難しなかった。すなわち、「逸脱の原因をつくった張本人は政府高官だ」とは述べなかったのである。またタグバ少将は、拷問のなかでも最も残虐な影響をおよぼす心理的な拷問は止めるべきだとは提案しなかった。

証拠写真に姿が最もはっきりと写っていた七名の兵士たちには、軍法会議の結果、禁固数カ月から一〇年の処分が下った。カルピンスキー司令官は刑務所長を解任され、ブッシュ大統領の命令によって大佐に降格になった。

現在、退役したカルピンスキーは、「自分は三カ月前にサンチェス中将からアブグレイブ刑務所長のポストを引き継いだのであって、私はスケープゴート役を押しつけられた」と不満をあらわにし、「自分の指揮下にあった大半の職員に罪はなかった」と彼らの名誉を守った。[24]

一万人近くの被拘留者がいた刑務所には、およそ三〇〇名の職員が働いていた。十分な軍事警備もなく、彼らは、迫撃砲、ロケット弾、狙撃手の弾丸に終始狙われていた。実際に、数十人の兵士が殺害された。

一方、刑務所に拘留されたのは、通りがかりの老若男女の一般人が大半だった。最年少の被拘留者は、たったの一〇歳だった。正当な理由もなく逮捕された彼らは強烈な不安に襲われた。そのような彼らに交じって、通常の犯罪者、本当に危険な被拘留者、精神錯乱者がいた。[25] 悪臭を放ち、不衛生で、まともな医療設備もないこの「地獄への入り口」には、武器が密かに持ち込まれ、そこではいつ何時、制御不能な暴動が起きても不思議ではなかった。

さらには、アフガニスタン、ボスニア、グアンタナモから民間および軍の名前を伏せた尋問官たちがイラクにやって来たため、混乱と無秩序に拍車がかかった。彼らの任務は、「情報価値の高い被拘留者」から情報を最大限に引き出すことであり、ミラー司令官は、被拘留者を

「犬」のように扱えと彼らに指示した。

ジャニス・カルピンスキーは次のように語っている。

憲兵たちのなかで、情報機関の専門家が用いる高度な尋問テクニックを少しでも習得している者は誰もいなかったのではないか。中東のイスラーム系男性被拘留者に対し、女性の看守の前で裸になるように命じたり、女性の下着をつけさせたり、彼らを軍用犬で威嚇したりするなどの行為は明らかに逸脱だ。本来であれば、経験のある尋問官が憲兵たちを注意すべきだった。[26]

ブッシュ大統領は、こうした逸脱の原因を「箱のなかの一部の腐ったみかん」にあると片づけた。だが実際には、それは国の上層部が決定を下したうえで、アメリカ軍およびアメリカの情報機関が正式に実施した組織的な政策の産物なのだ。[27]

一触即発の状態ではどんなことでも起こりうる。スタンフォード大学（カリフォルニア）の著名な心理学者フィリップ・ジンバルドー教授の表現を踏襲すれば、それはある種の「呪われた城」である。看守の上官が刑務所を訪れることがないため、刑務所の管理や監視は野放図な状態になる。そうした環境に置かれる被拘留者たちは、常に心配が募り、衰弱する。[28] 被拘留者の抵抗力を肉体および精神の面から破壊しろという命令、すなわち、尋問する準備をしておけという命令が発せられたが、憲兵の予備役兵でしかない彼らは、その任務を果たすための準備の方法も知らなければ専門知識ももたなかった。当然ながら、この逸脱行為を彼ら個人の責任に帰すことはできない。

アルフレッド・マッコイは次のように語る。

責任回避のための資料が山ほどつくられ、指揮系統の上層部から現場までの各部門において、被拘留者に対する残虐な扱いが是認されたのだろう。すなわち、拷問を正当化するために拷問を狭義に解釈したアメリカ政権の法学者たち、アメリカ大統領は拷問の実施を認可したと断言したアメリカ司法省の補佐役ジェイ・S・バイビー、そうした残虐な行為の実施を命じたドナルド・ラムズフェルド、できる限り有用な情報を引き出せと部下に命じた軍の上層部、そしてそれらの命令を遂行した現場の兵士や職員である。このようにして現場では、硬直的な職業意識によるサディズムに駆られた残虐な行為が横行したのである。[29]

「まったく容認できない驚くべき軍法違反」

機密文書に指定されたアントニオ・タグバ少将の報告書に続き、いくつかの調査が実施された。しかし、それらは踏み込み不足であり、アメリカ軍の逸脱に驚愕した世論をなだめるための形式的なものにすぎなかった。写真に収められた暴力やみだらな行為は、現場の暴走にすぎず、さらなる調査は必要ない、と結論づけたのだ。

二〇〇八年にアブグレイブ刑務所のドキュメンタリー映画『標準業務手順書』[30]を作成したエロール・モリス監督は次のように語っている。

「今回の事件において私が興味を抱いたことのひとつは、誰もそれらの悲惨な光景の背後にあるものを見ようとしなかったことだ。（……）誰もがそれらの光景が示す意味を把握し、どこに問題があったのかを理解したと考えたようだ。でも、私は違う」[31]。

アメリカ連邦議会による独立調査委員会の設立は認められなかった。ブッシュ政権は、アブグレイブ刑務所での不正は現場にいた「一部の犯罪者」の仕業だとするために、議会に強烈な圧力をかけた。政治および軍の責任を追及しようとした民主党と共和党の上院議員でさえ、国防総省とホワイトハウスに嫌疑をかけることに尻込みせざるをえなかった。嫌疑をかけたところでホワイトハウスは、アメリカが実施した尋問テクニックは拷問に関する国際協定に反してはいない、と反論しただろう。[32]

当時、上院軍事委員会委員長を務め、政界の重鎮として尊敬されていた共和党議員ジョン・ウォーナーも明確に答えなかった。

戦争捕虜に対する残虐な扱いは、重大な軍法違反であり、情状酌量の余地はない。わが国およびわが国の軍隊の名誉と信頼は傷ついた。自由のために戦うわが国の兵士と彼らの家族、そしてわれわれとともに戦う同盟国の兵士と彼らの家族がこれまでに築いた大きな成果と支払ってきた犠牲が失われてしまう。[33]

二〇〇八年二月、CIA長官マイケル・ヘイデンは、アルカーイダの三人の幹部（ハリド・シェイク・モハメド、アブ・ズベイダ、アベド・アルラヒム・アルナシリ）に対して、CIA職員がウォーターボーディング（水責め尋問）を行ったことを、議会委員会の場で正式に認めた。彼は次のように宣言した。

「CIAは、溺死寸前を体験させるウォーターボーディングを五年ほど前から行ってこなかったが、現在の状況を鑑み、情報価値の非常に高いアルカーイダの三人の被拘留者に対し、ウォーターボーディングを実施した[34]」。

彼はその理由を「わが国に対する新たな攻撃が迫る危機的な状況にあったからだ」と説明し、ウォーターボーディングの実施には「アメリカ大統領と司法大臣の承諾」が必要だと明らかにした。国家安全保障局（NIA）の局長マイケル・マッコーネルも、こうした拷問テクニックはCIAの常套手段だと認めた。

元CIA職員ジョン・キリアコウによると[35]、数週間にわたって黙秘したアブ・ズベイダは、拷問をともなう尋問を受けた結果、九月一一日の同時多発テロにおいてハリド・シェイク・モハメドが演じた役割や、アルカーイダの幹部と組織に関する重要な情報を供述したという。

二〇〇七年一二月にCNNで行われたキリアコウの会見によると、ウォーターボーディングを実施するには、ホワイトハウスにまでいたる政治的決定が必要だという[36]。そうはいっても、CIAはウォーターボーディングの様子を撮影したビデオをすべて破棄したため、ジョン・キリアコウは、拷問が役立ったことを示す証拠を一切提示していない。

一方、ベトナム戦争に従軍した元海兵隊の中佐ビル・カワンは、モハメドに対して実施した拷問によってそれらの供述が得られたというキリアコウの証言に疑問を投げかけた。「組織全体を把握していると思われるモハメドのような大物が口を割ったとすれば、その情報を基に、逮捕者が続出したはずだ」。だが、実際にはほとんど何も起きなかった。

二〇〇八年二月、アメリカ連邦議会は「非合法戦闘員」に対して溺死寸前の状態を体験させるウォーターボーディングなどの「強引な尋問テクニック」の利用を禁じる法案を可決した。だが、その翌月にブッシュ大統領はこの法案に拒否権を発動した。[37] ブッシュ大統領によると、行政府の長であり、アメリカ軍の最高司令官である大統領がウォーターボーディングを承認したのなら、それは合法だったのだという。

強引な尋問テクニックが役立つかどうかは意見の分かれるところだが、それらが認められないのは議論するまでもない。拷問は、政治的に危険であり、法律的に糾弾の対象であり、道徳的に容認できない。いずれにせよ、拷問が実行されたのなら、世論は必ずそのことを非難する。だが、本書はそうした結論からさらに先を行く。

拷問を否定することに関しては、否定に対する反論ではないにしても、次のような難題がある。手段を選ぶ余地がない例外的な状況では、拷問を使ってもよいのではないか。国や社会は自己否定することなく、そうした例外的な状況にどう向き合うべきなのか。なぜなら、とくに民主国家の場合、国の基盤となる価値観が否定されるようなことがあってはならないからだ。

以上が、次章で紹介する「時限爆弾が仕掛けられた」という仮定が提起する難題である。これは拷問に関する現代の討論の核心であり、状況によっては拷問を容認する者たちの論拠である。本書では、この点を詳細に検討する。

ここまでは、さまざまな残虐な行為を紹介し、法学者たちが構築した立法や行政などの疑わしい社会システムに基づき、拷問が世界各地で行われてきたことを概観した。読者は、拷問の話はもうわかったと思うかもしれない。だが、まったくそうではないのだ。

次章からは拷問に関する難題を検討する。

第4章

時限爆弾が仕掛けられたというたとえ話

「一見、弱そうに見えるのが弱者なのではない」

ジャン・ド・ラ・フォンテーヌ『羊飼いとライオン』

次のような状況を想像してほしい。テロリストが逮捕された。その男には、あなたが住む街の学校に時限爆弾を仕掛けたという嫌疑がかけられた。十分な証拠もある。だが、具体的にどの学校なのかはわからない。あなたの子供もこの街の学校に通っている。合法的な尋問はすべて徒労に終わった。その男は黙秘したのである。このような場合、拷問を利用してもよいのではないか。

以上が、ショッキングな仮定（「時限爆弾が仕掛けられた」というパラダイム）である。問答無用で拷問の利用を非難するのは「絶対主義者」の主張であって、このような状況に遭遇したのなら、拷問廃止を熱心に訴える者であっても、彼らは「絶対主義者」の主張を支持しないだろう。法律、協定、軍法により、拷問の利用は禁止されているが、例外的な状況では、拷問の利用は許されるのではないか。原則に照らし合わせて単に否定するのではなく、現実問題として拷問の利用を認めざるをえないと判断するのである。

実際にこうした恐ろしい状況に直面すれば、おそらくほとんどの人は、法律や道徳では禁じられている尋問テクニックに頼ることに異議を唱えないだろう。なぜなら、拷問を行うことによって、狂信的なテロリストが殺害しようとする、何の罪もない人々の命が救われるからだ。もちろん、そのなかには、わが子も含まれている……。

拷問をめぐるリベラルなイデオロギー

このような状況に直面すると、われわれの抵抗力と原則は粉々に砕け散る。例外措置を設けて、これを自分たちの理念に基づいて築いた法体系の片隅にこっそりと置けば、第二次世界大戦末以降、国際協定によって定められた拷問禁止という普遍性は雲散霧消してしまう。

われわれにとってそうした現実が忌まわしいものであっても、誠実に熟考すれば、拷問は必要だと認めざるをえないのではないか。われわれは自分たちのことを強い倫理感の持ち主だと信じたいが、そうではない。想像力を大いに働かせると、たとえ一時的にではあっても、われわれの理念たる原則は揺らいでしまうのだ。

このような状況において、何の罪のない人々の生死にかかわる情報を、拷問によって自白させるのを禁じる人々には、自分あるいは近親者の命が危ういのに、輸血を一切拒否する狂信的な信者と似たようなところがあるのではないか。結局のところ、それは多くの国々でも法を破ることが刑法によって正当化される「緊急避難[1]」に該当するのではないだろうか。

以上が、国家が拷問を行うのを擁護する者たちの現実的で穏健な論拠である。彼らによると、ある種の例外的な状況では、拷問に頼らざるをえないのを認めるのは、より誠実な態度であり、拷問を制御不可能な堕落した行為として放置するよりも、法的枠組みにおいて行うほうがよいのではないかという。

それは、元フランス軍中尉で国会議員選に出馬し、後に極右政党の党首になった（一九五七年にアルジェリア戦争に従軍した）ジャン＝マリー・ルペンが、一九六二年一一月に語った露骨な表現を現代風に焼きなおしたものである。ルペンは次のように語った。

「隠すことなど何もない。拷問が必要であれば、私は実行した。いつ爆発するかわからない二〇発の爆弾を仕掛けた人物を拘留し、その人物が黙秘するのなら、自白させるために例外的な措置を講じなければならない。この措置の実行を拒否するなら、その人は犯罪者だ。なぜならその人は、救うことができたはずの数十人の命を見殺しにするからだ」[2]。

これまでわれわれの社会には、拷問を利用しようという考えはなかった。だが現在、場合によっては、拷問は必要だと考えられている。われわれはリベラルな民主主義者を目指し、人間の不可侵な権利を尊重しようと努めてきたが、個人の権利を守るよりも重要なことがあるのではないかと思っているのだ[3]。つまり、「時限爆弾が仕掛けられた」という例外的な状況では、公共の安全を守るために、罪のない民間人の命を脅かすと疑われる個人のそうした権利は捻じ曲げられ、さらには侵害されても仕方がないのではないか、という考えだ。

「リベラリスト」は、当然ながらあらゆる形態の暴力および残酷な行為に異議を唱える。彼らが拷問を許容するのはどんな場合か。まず、国家が行う合法な拷問の目的を切り分ける必要がある。たとえば、ソビエト時代におけるでっち上げ裁判の自白を得るための拷問、ブラジル、チリ、アルゼンチンなどにおける「卑劣な戦争」時の「共産主義者による国家転覆」を阻止するための拷問、さらには一九七五年から七九年にかけてカンボジアのポル・ポト派が実行したようなイデオロギーに従わせるための拷問などだ。しかし、それらは一党独裁制国家の出来事であり、われわれは民主国家における拷問を議論しているのである。

では、どのような場合に、リベラルな民主国家やその国民は、一九四八年の世界人権宣言[4]のすべての原則に反し、また明確に非難されている拷問という行為を認めるのか。その答えが「時限爆弾が仕掛けられた」という仮定にある。すなわち、個人の権利および尊厳の尊重を一義に置き、政治的自由という理想を掲げる社会では、「時限爆弾が仕掛けられた」という仮定により、国家が行う拷問は許容され、さらには合法化されるのだ。したがって、このパラダイムにより、アメリカの哲学者デイヴィッド・ルーバンが主張するところの「拷問に関するリベラルなイデオロギー[5]」がつくられるのだ。この奇妙な表現は形容矛盾ではない。つまり、拷問は情報を引き出し、大惨事を回避するための不可避な手段なのである。[6]

しかしながら、このパラダイムの威力は、誰もがはっとするような状況設定だけに特徴があるのではなく、道徳的枠組みにおいて拷問を倫理的に正当化できる点にある、つまり、より多くの善をなすという行動価値基準によって、結果を計測できるのである。

実際には、「時限爆弾が仕掛けられた」というパラダイム、そしてこのパラダイムから導き出せる拷問の正当化は、一八世紀にジェレミ・ベンサムがまとめた功利主義の原則に基づく。すなわち、「ある種の特異な状況では、人々の幸せを守るには、法を遵守するよりも法に背いて行動するほうがよい場合がある」[7]という原則である。

こうして、倫理的に相反する二つの見解を比較検討しなければならない。簡潔に述べるなら、一つめは、(カント哲学に基づく)人間の行動に関する義務論だ。行動は義務によって決定されるという、倫理主義の原則から生じるこの考えには、いかなる例外もない(国際法の精神であり、アムネスティ・インターナショナルやヒューマン・ライツ・ウォッチなどの非政府組織の行動指針である)。

二つめは、関係者全員の最大幸福への影響に応じて、倫理主義の原則を評価する「現実主義」的な考えだ。この考えでは、状況によって倫理主義の原則を曲げることができ、また曲げなければならない。

しかし、拷問をめぐる「理想主義」というハト派と「現実主義」というタカ派の対立は、「時限爆弾が仕掛けられた」という状況なら、前者は自分たちの立場を維持できないかもしれない。前者は、たとえ自分たちの原則が理論的命題だったとしても、それを曲げざるをえなくなるのではないか。

このように紹介すれば、両者の対立はすでに決着がついたかのように思える。

中世風な拷問の正当化と証拠評価システム

われわれは拷問を許容できない悪だと考え、拷問の利用に嫌悪感を覚える。その理由は、人間に関する近代的な概念、つまり、リベラルな民主社会における人間固有の権利である人権尊重という考えと、身体は不可侵で譲渡できないという原則があるからだ。[8]

また、強要された自白が法的証拠にならないのも、法および捜査法に関する近代的な考え方だ。われわれの社会システムは、一八世紀末まで続いた中世ヨーロッパのものとは異なるのである。

一三世紀（第四ラテラン公会議）から発展したローマ・カトリック教会法によると、裁判官は、たとえ強力な物的証拠があったとしても、それだけで死刑判決を下すことはできなかった。物的証拠は、せいぜい「証明の半分」にすぎず、自白に基づいてのみ判決が下された。自白は拷問によって得られる場合もあり、裁判の際には、被告は公衆の面前で繰り返し自白させられた。つまり、被告が自白すれば、今日でいうところの証拠の評価を裁判官の主観にゆだねる「自由心証主義」から脱却して、有罪判決に客観性が付与されると考えていたのである。

アメリカの歴史家ジョン・H・ラングバインが示したように、拷問の廃止は、啓蒙君主時代のトマジウス〔ドイツ、一六五五～一七二八年〕、ベッカーリア〔イタリア、一七三八～九四年〕、ヴォルテール〔フランス、一六九四〜一七七八年〕などの哲学者たちの影響と考えられているが、実情はまったく異なる。効果が乏しく人間の尊厳に反する行為に終止符が打たれたのは、「人道主義」に対する懸念からではない。[9] ラングバインによると、そのような歴史的解釈は「おとぎ話」にすぎないという。

一八世紀後半にヨーロッパ諸国で拷問が廃止されたおもな理由は、純粋に法学的な観点に基づくものであって、証拠評価システムが大きく変わったからだ。裁判官は、「裁判官の主観」に勝る証拠に基づいて刑事罰を求刑するようになったのだ。自白や告白の強要に基づいて証拠を評価する旧システムでは、どうしても拷問を利用したくなる。だが、少なくとも死刑判決の場合では、物的証拠を慎重に確認する「蓋然性」という考えに変わったのである。

今日、アメリカの一部の法学者は、「司法の拷問」に再び頼るようになった。つまり、重大な脅威が迫っている状況において裁判官が「拷問令状」を発するようになったのは、のちほど述べるように、九月一一日の同時多発テロに対するアメリカのパラドキシカルな反応の一つである。

参照になるパラダイム

パラドックスとしか思えないことが起きている。アメリカでは二〇〇一年の同時多発テロ事件以降、例外的状況に関する「時限爆弾が仕掛けられた」というパラダイム（これ以外にもさまざまなヴァージョンがあるが、結局のところ、状況設定はどれも似たようなもの）が、拷問を正当化するための典型的な論証になった。

このパラダイムの明白な意図は、拷問を残虐な行為としてではなく（一八世紀以降、自由思想は、こうした残虐性を教会や旧君主の不当な行いと結びつけて糾弾し続けた）、合理的な行動として紹介することだ。つまり拷問は、最大多数個人の幸福を計算したうえでの行動だという解釈だ。あるいは単に拷問とは、マキャヴェッリが不完全な世界では仕方のないことがあると述べた、現実主義的な行動にすぎないという見解だ。

そうした決定を下す者を、慎重で合理的な「賢者」に仕立て上げるとしても、つまり、公共の幸福を守る救済者として悪に手を染め、さらには自身の純潔や自己の魂の救済を犠牲にすることも辞さない献身的な「ヒーロー」に見立てるとしても、拷問の利用は十分に不道徳な決定である。

「時限爆弾が仕掛けられた」という仮定を用いて拷問を正当化する者たちに共通するのは、

合理的な考えの持ち主だという点だ。一般的に、合理的思考の基盤には費用便益の計算がある。そうはいっても、関係者全員が出来事に関する道徳や合理性を、正確に把握することはできない。

アメリカでは、多くの進歩的思想家は、このパラダイムを残念なものではあるが妥当だと考えている。たとえば、ハーバード大学法科大学院教授で、市民の自由擁護で有名な弁護士アラン・ダーショウィッツや、現在、アメリカで最も影響力のある哲学者の一人であり、雑誌『異議』の共同編集長マイケル・ウォルツァーである。

彼らは一般的に「政治的左派」と見なされている。アラン・ダーショウィッツは次のように書いている。

「多くの人々は、拷問には効果がないと思いたがるが、悲しい現実として、拷問が役立つ場合もある。拷問によって真実が明らかになり、何の罪のない人々が救われた例はたくさんある。拷問が役立ったのである」[10]。

もし、ダーショウィッツのこの発言が正しいのなら、われわれは深刻なジレンマに直面していると認めざるをえないだろう。

ダーショウィッツは、一九九五年にマニラで拘留された、アルカーイダに属するテロリスト、アブドル・ハキムの例をあげる。ハキムは、一九九三年に世界貿易センタービルのテロ事件に関与し、太平洋上を飛行する七機の旅客機の爆破計画の準備を進めていた。

ダーショウィッツによると、フィリピンの情報機関が彼を拷問しなければ、この計画は発覚しなかっただろうという。布袋をかぶせられたハキムは、六七日間にわたって、椅子や木刀で殴られ、陰部をタバコで焼かれ、溺死寸前の状態を体験（ウォーターボーディング）させられた。それらの「残酷な」扱いのおかげで、四〇〇〇人の命が救われたという。これは拷問を論理的に正当化する「時限爆弾が仕掛けられた」の典型例だというのだ。

ダーショウィッツは次のように結論づけている。

「拷問が常に効果を発揮するのではない。だが、場合によっては役立つこともあるという経験則を否定すれば、諸悪のなかから選択肢を見つけなければならないという道徳的ジレンマに陥るのは確実だ[11]」。

この想定についてはのちほど述べる（第7章を参照のこと）。ひとまず、ダーショウィッツの主張を額面どおり受けとっておこう。

別の例を考えてみよう。二〇〇六年八月一〇日、イギリスの情報機関と警察は、アルカーイダと思われる集団がアメリカ行きの旅客機に対して大規模なテロ行為を計画中であることを突き止めた。本書の執筆時点では、事態の全貌はまだわからないし、一部の情報は不正確あるいは間違っているかもしれず、慎重に分析しなければならないが、数千人の命が犠牲になったかもしれない大惨事を避けることができたのは、たとえ高度な捜査法だったとしても、それは〔拷問の利用ではなく〕従来型のものによるものだったと思われる。

将来的にそのような陰謀は具体的には存在しなかったとわかったとしても〔計画自体はあったのではないか〕、あるいは、事実がある程度ゆがめられて紹介されていたとわかったとしても〔その可能性はありそうだ〕、重要な点は、陰謀自体は存在したと思われるため、しっかりと考察すべき例だということだ。

テロ計画が発覚した時点に立ち返ってみよう。拘留された二十数名の容疑者を、どう扱えばよいのか。彼らはその計画以外にもテロ行為に関する情報をもっているのではないか。当然、そう考えるだろう。これもまた「時限爆弾が仕掛けられた」状況とそっくりではないか。

アメリカ当局の協力を得たと思われるイギリスの警察と情報機関の尋問官たちは、それらのテロ計画が発覚した際に、自分たちに降りかかる強烈なプレッシャーを撥ね除け、被拘留者たちを、節度をもって扱えるだろうか。もし容疑者たちが頑として供述しないのなら、拷問が必要になるのではないか。

このような事態が絶対に起こらないとはいえないだろう。熟考すれば、拷問の利用が頭に浮かぶ。それとも、自分たちの「崇高な目的」を優先すべきなのか。つまり、自分自身だけでなく罪のない数千人の老若男女の命が犠牲になっても構わないと思っている輩に、節度ある態度で臨むべきなのか。彼らは戦争の法規に従って行動する兵士ではない。節度をもって対応するという原則は、寛容の原則と同様に、当事者相互が遵守する規則なのではないか。[12]

これは、自分たちの国にはジュネーヴ協定が適用されないことを示すために、アメリカの法学者が提示した論拠のひとつであり、アルジェリア、ブラジル、チリなどの軍人たちが、反政府軍との戦争の際に口にした理屈である。

この問題についてはのちほど述べる（第7章を参照のこと）。それらの特殊な状況に対する解釈は、新聞などの報道に加え、一部のテレビ番組からも多大な影響を受けた。

テレビドラマ『24』の献身的なヒーロー

最近放映されたテレビドラマ『24』は、脅威が差し迫った状況における、拷問の利用に関する倫理的および政治的なジレンマを描いている。このドラマを観ると、あきれると同時に非常に背徳な気分になる。

ドラマでは、生物兵器や核兵器などを利用する大規模なテロの脅威が差し迫っている（テレビ画面には、危機発生までの時間が定期的に表示される）。肉体的拷問であろうが精神的拷問であろうが、とにかくあらゆる手段を駆使して陰謀の首謀者たちの口を割らせなければならない。そしてドラマでは、どういうわけか首謀者たちはいつも見つかり、すぐに拘留される。

アメリカ大統領を筆頭に政治的決定を下す者たちは、恐ろしい道徳ジレンマに直面する。彼らは一般的に倫理原則に基づいて行動する「善人」であり、最大多数個人の幸福のために自分たちの倫理原則を断念しなければならない状況に置かれる。ドラマのいくつかのストーリーでは、民主党の黒人男性の（デイヴィッド・パーマー）アメリカ大統領は、倫理的な犠牲をともなう決定を下すことになる。

ドラマのストーリーに関して最も注目すべき点を紹介しよう。容疑者だけでなく、すべての登場人物は、拷問の「犠牲的な本質」に基づいて描かれているのだ。とくに、主人公のアメリカ政府機関に勤めるジャック・バウアーの場合、妻は殺害され、家庭生活は崩壊し、愛情を育むことがまったくできない。テロリストとつながりのあるマフィア組織に潜入するために薬物を服用しなければならず、自分自身も薬物依存症になり、健康を害してしまう。しばらくの間、世間から姿をくらまし、死んだふりをすることを強いられる。無事に生還できる見込みもないのに、独裁者が牛耳る遠い国にまで連行されて拘留される。だが当然ながら、バウアーは悪（必要悪）の舞台に再び立つために不死鳥のように蘇る。それは人々を助けるためであるが、彼は再び途方に暮れる。

スロベニアの哲学者スラヴォイ・ジジェクによると、拷問人は犠牲を強いられるので、彼らには栄華と威厳が与えられる。まさに「ヒムラーのジレンマ」である。どうすれば部下たちを非人間的なけだものに変身させることなしに、彼らに汚れ仕事を任せられるかというジレンマだ。ヒットラーの親衛隊長ヒムラーは常に携帯していた「バガヴァッド・ギーター（ヒンドゥー教の聖典）」の一節にその答えを見出した。

「自分の行為には、心のなかで距離を取るようにして、それに完全に巻き込まれないようにしろ[13]」。

拷問を問題にすることを拒否し[14]、アメリカの政策ならびにテレビドラマ『24』の背徳な影響を激しく糾弾するスラヴォイ・ジジェクでさえ、拷問は場合によっては仕方のない選択だと考えていることに注目したい。

二〇〇七年にジジェクは、次のような記事を書いた。

> もちろん、言語を絶する差し迫った苦しみから愛する人を救うには、拷問に頼らざるをえないという特殊な状況を想像することも可能だろう。私は、そのような状況を想像できる。だがそうした場合でも、私はこの仕方のない選択を普遍的原則にはしない。不可避な緊急事態なら、私は拷問の利用を支持するだろう。しかし、この選択は応諾できる規範にはならない。私は、自分が恐ろしいことをしたという意識を持ち続ける必要があるのだ。

拷問がテロ対策のテクニックのひとつにすぎなくなれば、恐怖に対する意識は完全に失われてしまうだろう。[15]

しかしそれは、例外的な状況では拷問の利用を正当化するマイケル・ウォルツァー〔アメリカの政治哲学者〕やヘンリー・シュー〔アメリカの国際政治学者〕のような自由主義者たちの主張と大差はない。これについてはのちほど述べる。ジジェクによると、問題は拷問の利用でなく、拷問が当たり前になってしまうことだという。

こうした判断は、たとえば「時限爆弾が仕掛けられた」のシナリオで紹介したように、例外的な状況というパラダイムの設定は妥当だと認めることを想定している。思考の出発点になるこの枠組みをいったん認めると、不可避な悪が存在することになる。そうなれば、ペストやコレラのような悪が蔓延しないように、不可避な悪を囲い込むことだけが問題になる。

第5章　高貴な拷問人

「私は彼とともに苦しみ、彼とともに死に、ある意味で彼とともに喪失した。だからこそ、私は冷酷な態度をとったのだ」（「彼」とは、収容所の副所長だった私が死へ追いやったユダヤ人被拘留者のこと）
ホルヘ・ルイス・ボルヘス「ドイツ鎮魂歌」（『エル・アレフ』、一九四九年）

例外的状況では、何をなすべきか

危機が迫った状況なら、残虐な肉体的拷問は許されるのか。もちろん、拷問を利用してはならない。だが、心理的拷問を行うための時間さえない切迫した状況において、他に方策はあるのか。脅威が迫っていると思われるため、被拘留者を刑務所の独房に隔離し、苦痛をともなう姿勢をとらせ、肉体的に痛めつければ、その男は自白するのではないか。被拘留者をそのように扱ってはならないのだが、自白すべき被拘留者は、今すぐに自白しなければならないのである。すなわち、きわめて特殊な状況は極限にいたるのである。

テレビドラマ『24』のストーリーを、もう一度考えてみよう。先ほど述べたパラダイムを極端にまで単純化するそれらのストーリーは、実際には起きそうもないフィクションだ。超えてはいけない境界線は、どう定めればよいのか。

ところで、それはただ単に境界線を定めればよいという問題なのか。境界線を定めるとしても、一体誰がそれを定めるのか。行政官、軍人、政治家、あるいは裁判官か。それとも世論調査によって事前に意見聴取される国民か。では、この問題について国民投票を行うべきなのか。国民投票の実施など考えられないし、ましてや、望ましいとも思えない（拷問の是非について、国民の意見を聞くなど、想像できないではないか）。しかし理論的には、将来的に似たようなケースに対処するためにも、国民投票の実施は不合理な話ではない。

それなら、国民から選ばれた代表者たちによる話し合いはどうか。緊急事態におけるテロの容疑者に対する尋問テクニックに関するルールを事前に取り決め、事態の緊急性だけに振り回されないようにするために、たとえば生命倫理や安楽死などの問題のように、国民の代表者たちが拷問の利用基準を、公的討論の場において誠意をもって話し合うのだ。

だが、こうした方策では、問題は一切解決されない。というのは、われわれはアメリカ議会が自分たちの都合に合わせて法律を変えてしまうのを目の当たりにしたからだ。では、どうしたらよいのか。見て見ぬふりをするのか、あるいは臭いものにはふたをするのか、それとも優秀な人材が揃っている当局の判断に任せるのか。そのような態度は軽率であるばかりか、拷問の利用に関して最悪の事態を招きかねない。

秘密裏に拷問を行うのは、民主主義の理念である公的権力の透明性と管理の原則に反する。逆説的に、秘密裏に行う唯一の利点はその欺瞞に宿っている。すなわち、マキャヴェッリが「信義の欠落をごまかす」と述べたように、国家は、自分たちが密室で犯したことを、公では常に否定することによって自己のイメージを守るのだ。

こうした利点があるのは確かだが、それは残虐な行為の実施に歯止めをかけたり、制限を設けたりすることにはならず、いずれ破綻する日が訪れるだろう。そのような国では、二世紀以上前につくられたわれわれの憲法制度である、国家権力を制限するメカニズム（おもに行政権）が機能しなくなるため、民主主義はいずれ廃れるに違いない。

例外的状況というパラダイムは適切だと認める理論家たちにとって、方策は二つしかない（ここでいう理論家はリベラリストのことである。フランスならポール・オサレス准将やジャック・マシュ大将など、拷問の利用を辞さない軍人たちを指すのではない）。

一つめは、たった一人の人物にその責任と結果をゆだねるという、マイケル・ウォルツァーをはじめとする政治学者たちが推奨する方策である。

二つめは、「拷問令状」を発する必要がある状況なのかを裁判官の判断にゆだねるという、アラン・ダーショウィッツが主張する方策である。

マイケル・ウォルツァーが考える「手を汚す」という問題

マイケル・ウォルツァーが推奨する方策は次のとおりだ。彼によると、公正さに欠けると思われるかもしれないが、この方策なら、われわれの政治、倫理、司法の原則が損なわれることはないという。これは状況に応じて行動し、個人の責任という原則を前面に押し出す方策である。

例外的な状況では、「緊急避難」という安全上の理由から、より正直に言えば、必要悪という「より小さな悪」を犯すことを自覚しながらも原則に背く責任を負う者が「己の手を汚し」、自分の決断に対する道徳的および刑法的な全責任をとる心構えで拷問の実施を決定するのだ。どのような例外的な状況なら拷問を実行せざるをえないのかを決定し、その責任をとるのは、見識のある徳の高い人物でなければならない。

以上が、「時限爆弾が仕掛けられた」という仮定が成り立つと思われる状況に対する、マイケル・ウォルツァーが推奨する方策である。

彼は一九七三年に次のように記した。

「われわれは、責任者が誰であっても構わないとは考えない。責任者は悪を行っているという自覚をもつ人物であってほしい[1]」。

そしてその人物には、自己の決定から生じる道徳的責務を背負う覚悟をもってほしい。しかし、そのような状況において、拷問を絶対に禁じると主張するのは、結局のところ「権力を行使しようとしない（……）そうした行為に要求される決定を下す心構えのない」人物の対応だと彼は主張する。

そうはいっても、ウォルツァーにとって規則を破るのは、規則を軽視することでも、無視することでも、回避することでも、変えることでもない。状況によっては、規則を遵守できない場合があるとしても、ウォルツァーは、規則が存在することや、規則が一般的に効力をもつことを認める。

しかし、決定を下す者には、自分の行動がおよぼすさまざまな影響や自意識の咎め、さらには法的責任の追及など、あらゆる責任を負う心構えがなければならない。そうであってこそ、善をなす原則と法の権威は、統合された形で維持されるというのだ。

こうした「マキャヴェッリ的な方策」の意味について論じる前に、その方策がウォルツァーのほぼ三〇年後、つまり、九月一一日の同時多発テロ事件の翌日にアラン・ダーショウィッツが提示した功利主義的な回答と、根源的に異なることを紹介したい。

アラン・ダーショウィッツは、拷問を合法化すべきと考える

市民権の擁護者として知られるアラン・ダーショウィッツの考えをみていこう。現実に基づきながらも秘密裏に行うという欺瞞を拒否するのなら、裁判所が令状を発することによって拷問の利用を制限するのが唯一の最適な方策だという。

ダーショウィッツの二〇〇二年に出版された『なぜテロはききめがあるのか』という本は、アメリカで大きな反響を呼んだ。この本のなかで彼は、拷問は悪だと認めるが、この悪は不可

避である（残念であろうとなかろうと、国家は拷問を利用せざるをえない）と同時に、ある種の例外的な状況では必要であるため、道徳的に正当化できると主張した。

ダーショウィッツは、「時限爆弾が仕掛けられた」状況では功利主義の費用便益に従って「最悪を避ける悪」を合理的に計算すべきであり、そうすれば強制権を発動することになるだろうと説く。彼によると、裁判官の承認によって拷問の利用を制御するこの方策のほうが誠実であり、国家が秘密裏に拷問を行うよりも健全だという。この方策なら、経験に基づく議論と原則的な議論がかみ合うというのだ。

事実、民主国家は拷問を行っている。したがって、拷問は行われていないと言い張るのは、純然たる欺瞞だ。現実に起きていることを認めるべきだろう。しかし現実を認めるとしても、道徳的嫌悪感を抱かせるそれらの行為は正当化されない。

彼の議論では、民主国家が拷問を行うのは正しいことなのか、さらには道徳的に正しいことなのかは扱われない。

ダーショウィッツの見解は、根源的な矛盾に蝕まれている。というのは、拷問は悪だと同時に必要悪、つまり、状況によっては承認される価値のある行為であって、合法でさえある善だというのだが、それらを同時に主張することなどできないからだ。

拷問を規範的に説明しようとすると、二つの異なる議論が浮かび上がっている。

1　民主主義という理念では、国家は法律の枠組みで活動し、国民はそうした活動を監視することになっている。だとすれば、国家は実際に拷問を行うのだから、拷問は法の下で管理されなければならない（ダーショウィッツによると、その管理を行うのは裁判官だが、行政官や国民でも可能だろう）。

2　「時限爆弾が仕掛けられた」というような例外的な状況では、拷問は「最悪を避ける悪」、つまり、功利主義の観点からすれば善なのである。

一つめの議論の根拠は、一部の者たちが密室で決定する手法よりも、法および裁判官による管理のほうが望ましいことにある。なぜなら、法の下に置くこと自体は望ましいことであり、そうした要求は、法の優位、社会活動の可視化、判決に従うなど、まさに民主主義社会の理念に応えることになるからだ。

ダーショウィッツは次のように記している。

民主国家が実際に特定の状況において拷問を行うのなら、拷問は、法律や責任原則に照らし合わせ、監視下あるいは法に準じて行われるべきだろう。この規範的な問題に関し、私は自分の意見を明快に表明した。私の答えは、イスラエル高等法院のものとは異なり、イエスだ（国家は法の枠組みで拷問を行うべきであり、条件を定めて拷問を合法化すべきだという考え）[2]。

しかし、この巧みな論証では、国家が法を遵守するのではなく、法律が国家の行為に従うことになる。つまり、法律は、法律ではまったく認められなかった行為を容認することにすぎない。それは、一部の者たちが密室で偽善的に判断して行うよりもよいだろうが、いずれにしても、たとえばダーショウィッツが承服できないというイスラエル高等法院の判決によって示された法治国家の理念にはそぐわない。

法改正と社会の変化との間には、おそらく次のような論証が成り立つのではないか。一般的に、法律には保守的な傾向があるため、法律は社会の動きに対して遅れをとる（しかし、フランスでの死刑廃止法であるバタンテール法のように、必ずしもそうとは限らない）。したがって、社会が変化すれば、法律はいずれ改正される（たとえば、離婚、人工中絶、生命倫理などに関する法律）。

この観点からすると、法律は命令的規範を定めるというよりも、いわば調停役として調整的な規範を定めるといえよう。ところが拷問の禁止は、適応すべき規則でも、風習の変化や状況に応じて変化しうる規則でもなく、不可侵で再考の余地のない基本的規範や根本原則と関わりがあるのだ。

だが、ダーショウィッツにとっては、彼が民主主義の理念の中核に据える、管理、情報開示、責任の原則、つまり、社会活動を公に報告する義務（いわゆる説明責任）は、拷問を禁止する根拠である人権という崇高な規範よりも優位にあるのだ。

「困難な状況に直面する場合においては、司法機関などの可視化された中立機関に責任をゆだねるのが民主主義の本質である」[3]。

ここでいう「困難な状況」とは、「時限爆弾が仕掛けられた」状況である。こうして二者択一の状況が生じる。拷問を行うのか、あるいは行わないのかではなく（ダーショウィッツは現実に即した政治を信奉する）、公然と執行するのか、あるいは秘密裏に執行するのか、という二者択一だ。言い換えると、正直に行うのか、あるいは偽善的に行うのかであり、さらに言えば、ライセンスを与えて行うのか（濫用につながる恐れがある）、あるいはこっそりと行うか、である。可視化された状態で管理するという選択は、特殊な状況にあるという理由から、現実的であると同時に規範的だという。なぜなら、規範こそが「民主主義の本質」に合致すると、ダーショウィッツは考えるからだ。

たとえば、ダーショウィッツの主張に対する厳しい批判者の一人であるアメリカの哲学者ロバート・ブレッチャーも強調するように[4]、ダーショウィッツの主張は、法的枠組み、検証、節度などの手続きを導入するためだけのものにすぎないとしても、道徳に反する行為を合法化する原則を擁護すること自体に矛盾があるのではない。そうではなく、ダーショウィッツの主張の矛盾は、民主国家であっても現実に拷問を行っており、拷問の利用を完全に禁止すれば、偽善がはびこり、拷問の利用が野放しになると指摘するだけにとどまらず、特殊な状況なら拷問を行うのは当然だとも考えることにある。だからこそ、彼は一九九九年のイスラエル高等法院の判決を批判したのである。イスラエル高等法院の判決理由については第2章で述べた。

ダーショウィッツによると、彼自身は「規範的な理由」から拷問には反対だが、拷問の利用を制限および管理するために、公的な手続き（裁判所の令状）という原則の確立を提唱するのだという。

だがもう一方で、「時限爆弾が仕掛けられた」という仮定において、彼は、数百人さらには数千人の何の罪もない人々の命を救う唯一の手段が拷問だとすれば、安全と確実性を担保するために、「拷問の利用を擁護する」と述べる。

つまり、ダーショウィッツは、拷問という悪は法的枠組みという手続きによって、できる限り利用を制限すべきであり、その手続きは可視化されていなければならないと説く一方で、拷問は「必要悪」だと主張しているのだ。

したがって、合理的計算という功利主義者である彼の観点からすると[5]、それは「善」なのだ[6]。彼によると、たとえば被拘留者の爪を剝がすなど、死にいたらせる恐れのない「軽微な悪」なら道徳的に許容できるという。

拷問の利用を政治的に制限しようと主張する彼は、拷問に反対であると同時に、道徳的には消極的ながらも功利主義的な理由から賛成なのだ。ようするに、彼の立場は曖昧なのである。

道徳的ジレンマの解消

ダーショウィッツは、状況によって拷問を認めると、拷問が蔓延するのではないかという疑問に対し、「特別な場合」の功利主義（行為功利主義）と規則功利主義という古典的な区別を用いて回答している。

特別な場合であっても、限界を定める原則がなければ、濫用される恐れがある。特別な場合では、一般的な規則が適用されないのだ。しかし、行為功利主義だろうが規則功利主義だろうが、功利主義者の道徳によると、（個人の効用を最大化させる原則から計算する）最大多数個人の幸福に資する行動は、良心の呵責を覚えるような二つの悪から「最悪を避ける悪」を選ぶことでは決してない。

功利主義者にとって、こうした「悲痛な選択」という考えはナンセンスなのだ。つまり彼らにとって、結果を計算することによって導き出される行動は、正しいと同時に必要とされているのである。

合理的計算の原則の立場では、個人の選択の主観的な側面、合理的な当局であっても解決できない価値観をめぐる対立、良心だけで二者択一の問題を解決しなければならない葛藤などがないため、功利主義者が罪悪感を覚えることはないのである。

ドイツの偉大な社会学者マックス・ヴェーバー（一八六四〜一九二〇年）が『職業としての政治』[7]のなかで語ったような心情倫理と責任倫理を対立させても、そうした対立は〔功利主義者にとって〕まったく意味がないため、対立は単に葬り去られるだけなのだ。

マックス・ヴェーバーによると、自己の行動の結果は自分が引き受けるという責任感から道徳に反する手段を選択すること〔責任倫理〕と、それらの手段は道徳や宗教の原則に反するのでそれらの手段の利用を拒否すること〔心情倫理〕との間には、解決不可能な対立があるという。

ヴェーバーが唱えるように、心情倫理が無責任なのではなく、「心情倫理の道徳基準に従って行動する者の態度〔宗教的に表現すれば、《キリスト教徒は、自己の責務を果たし、その結果については神にゆだねる》〕と、《われわれは、自分たちの行動の予見しうる結果の責任を引き受けなければならない》という責任倫理に従って行動する者の態度との間には、底知れぬほど深い対立があるのだ」[8]。

功利主義者にとって、道徳心が結果の効用と評価よりも卓越している場合に限り、この対立は意味をもつだろう。ところが、この対立は、互いに折り合いながらそうしたジレンマを解決する。そのうえ、功利主義者によると、相反する選択肢を前にした個人が二者択一を迫られるという考えは、主観から生じる幻想だという。すなわち、選択肢などもともと存在せず、良心の咎めを感じる理由もないのだ。中立な立場から効用を計算すれば、とるべき行動や判断がわかるのである。

当然ながら、誰かがこの計算に取り組まなければならない。だからといって、そうした作業に従事する者たちは、悲惨なジレンマに直面する主観的な個人主義者になるのではなく、反対に、公平無私な客観的な立場に身を置く。このような距離感があるので、仮に選択しなければならないとしても、実際には選択肢などないのだ。

この部分にマキャヴェッリ的な方策と功利主義的な方策との根本的な違いがある。すなわち、マイケル・ウォルツァーとアラン・ダーショウィッツの相違である。後者の論理では、例外的な状況では、拷問は「最悪を避ける悪」ではない。費用便益という観点からすれば、拷問は単に「必要」なのである。したがって、拷問は最大多数個人の幸福、つまり、純然たる幸福であり、道徳が要求する行動であって、道徳的裏づけのある行為なのだ。

功利主義的な方策と同様に、マキャヴェッリ的な方策も、必要性の概念を彼らの決定理論の中核に据えている。しかし、マキャヴェッリ的な方策では、善と悪の区別は絶対になくならないので、しばしば悪に手を染めなければならず、マキャヴェッリが『君主論』の第一五章で語ったように、たとえ悪が必要だとしても、悪を行うという意識は決して失われない。

一方、功利主義的な方策では、こうした良心の咎めは無視される。というのは、悪は、最大多数個人の利益を過小評価することであって、最大多数個人の悲しみや苦しみを増やすことだからだ。何の罪もない数百人、数千人の命を救うために拷問が必要になるような例外的な状況において、功利主義的な観点では、道徳的ジレンマは生じないのである。

ダーショウィッツは、拷問の利用を法律によって囲い込み、裁判所が令状を発することによって拷問が秘密裏に行われないようにすべきだと主張する。だが、例外的な状況なら、拷問こそが道徳的に唯一の方策だと考える。

いずれにせよ、首尾一貫した功利主義者は、拷問を「最悪を避ける悪」とはみなさないのだ。そのような状況にあって、ましてや司法の判断に基づいて拷問を行うのだから、拷問人が「手を汚した」と感じることはない。状況や結果の合理的な評価から拷問の実施を決めなければならない裁判官なら、なおさらそのようには感じないだろう。ようするに、決定自体がもたらすその重荷を背負う者は誰もいないのだ。なぜなら、決定は、制約的な状況および結果の計算から導き出されるからだ。したがって、決定者、情報機関の職員、裁判官あるいは政治家が、良心の呵責を覚えることはほとんどない。

緊急事態であるために拷問を行わなければならないという経済的合理性も、決定から悲惨な側面を取り除き、個人の意識から道徳的ジレンマを消失させ、先験的な善悪の原則に背かせ、不確実な状況において討議がもつ重要性を失わせる。

ハンナ・アーレントは、「もし、打ち出す方策の結果を確実に計算できるとしても、それらを足し合わせたところで何の役に立つのか」と疑問を呈している。[9] 政治は、多様な意見がぶつかり合い、しばしば悲惨な選択を強いられる討議の場だ。確実性がないという理由から、功利主義がそうした政治をお払い箱にするのは間違いない。功利主義は、こうした討議が他者との（政治的）対決の場だけでなく、自身の心中で起きることも否定するので、道徳的な懸念さえ退ける。

アラン・ダーショウィッツが自分の論証の枠組みに裁判官を組み入れるおもな理由は、公平無私な当局が決定を下すことを担保するためだ。当局には、状況や下すべき判断を客観的に評価し、非合理な衝動やイデオロギーに基づく動機に屈服せず、政治的圧力にも屈しないことが求められる。つまり、悪魔に魂を売り渡すのを避けるために、叡智ある慎重な裁判所が拷問を法制化ならびに制度化すれば、拷問をめぐる犯罪行為は防げると考えるのだ。

個人の責任という原則を保護する

逆に、マイケル・ウォルツァーによると、「手が汚れる」問題は、功利主義の論理に立つ場合ではなく、マキャヴェッリ的な観点に立つ場合だけに生じるという。功利主義の論理の最大の欠点は、悪行を正当化することだ。一方、マキャヴェッリ的な観点は、状況によって必要悪を完全に受け入れるが、だからといってそれを正当化することはしない。功利主義的アプローチと比べると、マキャヴェッリ的アプローチには利点がたくさんある。

まず、マキャヴェッリ的アプローチでは、価値観は崩壊しない。というのは、人間の良心は、しばしば二つの悪のうちからどちらかを選択しなければならない状態に置かれ、どちらか一方を受け入れなければならないという悲惨な現実を認めるからだ。

どのような場合であれ、倫理に反する自己の選択が正当化されることはなく、ましてや合法化されることもないため、マキャヴェッリ的アプローチによって、このジレンマが解決されることはない。（マイケル・ウォルツァーの考えから導き出される）アウグスティヌスの「憂鬱な兵士」、マキャヴェッリの「良い君主」あるいは「高貴な拷問人」という者たち、言い換えると、悪を行わなければならない状況に置かれる良識ある人物は、そうした責任を甘受する心構えがなければならない。その結果、きわめて重要なこととして、合法と違法、許可事項と禁止事項、規律と冒瀆との明確な区分が維持される。

現実には、責任を甘受する心構えを求めることが決め手になる。というのは、自分自身が犯した違反が許されるのではないからだ。そうでなければ、目安となる基準は崩壊し、不可避で特殊なケースが一般化してしまう（アラン・ダーショウィッツの主張とは反対）。

ところが当然のこととして、法律では、特殊なケースは扱えない。法律が定めるのは、一般的な規範だけだ。フランスの法律顧問で法哲学者のジャン＝マリー＝エティエンヌ・ポルタリス（一七四六〜一八〇七年）は、次のように述べた。

「法の務めは、権利の一般的な道徳基準を大局的に定め、実りある適正な原則を打ち立てることであって、個別に生じる疑問の細部にまで配慮することではない」。

これはモンテスキューやルソーなど古典的な思想家全員が認める普遍的な考えである。ルソーは『社会契約論』第二編六章に次のように記した。

「常に一般的であるのが法律の目的だと私が言うとき、法律では、主体者や行動は抽象化されるのであって、個人の事情や特別な行動が考慮されるわけではない、と私は主張しているのだ」。

ある状況において、何者かが何らかの罪を犯すという特殊な状況に対し、普遍的な法を適用するのは裁判官であって、立法者の職務ではない。この区別の原則を維持することは、きわめて重要だ。

これと似たような問題は、やはり例外的な状況から生じる。たとえば、大きな苦痛をともなう不治の病に罹った一部の人々が、積極的安楽死の合法化、あるいは裁判所に「自殺幇助」の許可証の発行を要求する場合がある。ようするに、法律は一般的に「死に関する法」しか認めないが、これは「死ぬ権利」を法制化してほしいという願いである[10]。

人間に関する観点はまったく異なるが、法律面からは、拷問の場合と似たような疑問が生じる。すなわち、それらの例外的なケースにおいて規則や手続きを定めるのは、裁判官なのか、あるいは立法者なのか、それとも医師なのか。医師だとすれば、医師は、致死量の注射を打ち、法律上の人殺しを行い、自己の殺人の理由を説明するために、重罪院において陪審団と対峙することになる（この場合、患者の要求が差し迫ったものであるにせよ、最終的な決断責任は、結局のところ医師だけに帰す）。

意見は分かれる。医師に決断責任を帰すのは、不公正（かつ「責任を要求しすぎ」）であると同時に偽善的だと考える人もいれば、逸脱や濫用を防ぐ唯一の手段だと考える人もいるだろう。拷問と積極的安楽死は、例外的な状況における問題だという共通点があるため、それらが社会に投げかける理論的疑問は非常に似通っている。

読者はこの類似性に当惑するかもしれないが、少なくともダーショウィッツやウォルツァーのような思想家が考察する抽象的な枠組みを認めるなら、このような類似性が浮かび上がってくるのである。

ウォルツァーは、個人が有害な行動をとるのなら、その行動の全責任を負うことが決め手になると考えた。明確に有害だと意識し、否定したり正当化したりするのを拒否する（マキャヴェッリであれば、「技量」と呼んだだろう）信義や勇気をもって行動すべきなのだという。

このとき、そうした選択を行うことに耐える者は、「選択されたのは悪だ」と理解しなければならない。つまり、追求する目的が善であっても、たとえそれが状況に見合う唯一の賢明な行動であっても、またフィレンツェ共和国の外交官マキャヴェッリのお馴染みの表現であり、彼の思想の根幹である「時間のクオリティー」に見合う「実施方法」であっても、それはまったく正当化されない選択なのだ。

例外的な状況であっても拷問や強制的な尋問を行う決定は、あくまで非合法かつ悪だと認識しなければならない。それは個人の判断による特例である（禁止条項は維持されなければならない）。たとえ緊急事態であるにせよ、それらの行為を糾弾し、糾弾し続ける法治国家が侵害されるようなことがあってはならないのだ。拷問を合法化できる、あるいは拷問を合法化しなければならない例外など存在しないのだ。

「きわめて稀な状況なら、拷問は正当化できるので、拷問を禁止する法的拘束を弱めてもよいのではないか」という問いに対し、アメリカの哲学者ヘンリー・シューは、「それは絶対にだめだ」と答えた。しかしながら、次のようにつけ加えた。「拷問という行為は非合法であり続けるべきだ。そうすることで、そのような行為が、自分の行動を正当化して法的に自己弁護しなければならない立場に置かれる者の選択しうる最悪を避ける悪であることが皆にわかってもらえる。（……）拷問という行為が正当化できると考えるのなら、道徳的に受け入れられる行動としてのすべての条件が実際に揃ったと、公の裁判において関係者を納得させる以外に方法はないだろう[11]」。

マイケル・ウォルツァーとヘンリー・シューが提唱する方策は、例外的な状況に対応するための思慮深く慎重な方策に思える。というのは、この方策は民主主義と不可分の良識に基づく原則を侵害しないし、民主主義の存続を危機に陥れることもないからだ。

もちろん、この方策からは、誰が道徳的な重圧に耐え、そしてこの決定から万が一刑事罰が生じる場合には誰が責任をとるのかという別の問題が生じる。

命令に従った拷問人だろうか。これまでにも幾度となく上司の命令が悲惨な犯罪の言い訳になってきたのは、ご存じのとおりである。では、命令を発した者だろうか。そうはいっても、責任の所在はどこまで遡ればよいのか。責任は、情報機関の現場の職員、彼らの上司、国防省、あるいは国家の長にまで遡るのか。どのようにして政治責任を問えばよいのか。

さらには、次のような問題もある。良心の呵責を覚えるだけでなく、一般および軍の裁判にかけられる恐れがあることを覚悟しなければならないのに、拷問実施の決断を下し、拷問を執行する「高貴な人物」は、はたして存在するのだろうか。

これまでに紹介したどの「方策」によっても、例外的な状況なら拷問を行えるという決定から生じるすべての問題が解決されないことが、おわかりいただけたと思う。

しかし、ダーショウィッツの回答と、ウォルツァーの回答には大きな違いがある。前者は拷問を原則として認めない。一方、後者の提示するすべて条件はあまりにも厳格なため、現実にそれらの条件が整うことはないと思われる。したがって、後者の方策が適用されることはないだろう。

緊急避難の状態にある「高貴な拷問人」あるいは「悪魔の証明」

両者が提示する方策をじっくり討論すれば、拷問ならびにそれに付随する行為によって生じる恐ろしい問題を一掃できるのではないかと考えるのは正直な態度とはいえない。というのは、拷問を利用しなくてはならない事態が予見されるような状況を条件にしなければ、問題は相変わらず解決されないからだ。

問題が一掃されたというような態度をとるのなら、次のような逆説的な道徳観の持ち主が存在しなければならないだろう。つまり、例外的な状況において要求されるかもしれない法を犯す重荷を良心に誓って背負い込む覚悟があって、自身の行動の道徳的および刑事的な責任を引き受ける心構えのある人物だ。

これは、『Killing no murder』〔一六五七年に出版された独裁者を暗殺することを提唱した著者不明のパンフレット〕のジレンマである、暴君殺害という古典的論争と同じである。「必要だが罪深い行為である。不可避な殺人ではあるが、殺人者になる覚悟が前提になり、罪悪感が育まれる」のだ。ピエール・エマニュエル・ドーザは、著書[12]のなかでこの問題について論じているが、ここでは長くなるので触れない。

先ほど述べたように、特殊なケースが一般化してしまう危険性は避けられないだろう。これを避けるには、限定的な要求に限って例外を認めるか（これは第一条件である）、手がかりや単なる疑念でなく、社会にとって本当に緊急避難であることを明示する証拠に基づいて脅威が差し迫っていることを示さなければならない。ところが、アメリカならびにフランスのこれまでの判例からわかるように、裁判官が、犯罪であっても罰せられない「緊急避難」をほとんど認めようとしないのは論を待たない。

緊急避難を主張する場合、拷問の必要性を証明するのがほとんど不可能であることからも、その特殊性がわかる。拷問を利用したからこそ、実際には起きなかった損害を避けられたと証明しなければならないのだ。法律家はこうした証明を「悪魔の証明」と呼ぶ。

民事の法的責任に関する古典的因果関係では、拷問を利用しなかったのなら、被害は生じなかっただろうことを証明するように要求されるが、この場合ではさらに悪魔的に、拷問を利用したのなら被害が生じただろうことも証明しなければならない。

ディヴィッド・ルーバン〔アメリカの法哲学者〕は、「アメリカ連邦裁判所が正当防衛の存在を認めるにもかかわらず、こうした議論が成り立つケースは、ほとんどなかったと思う」[13]と記している。もっとも、拷問等禁止条約の第二条二項には、「戦争状態、戦争の脅威、内政の不安定または他の公の緊急事態であるかどうかにかかわらず、いかなる例外的な事態も、拷問を正当化する根拠として援用することはできない」と明記してある。

アメリカ連邦議会がこの条項をそのまま採択しなかったのは、ジェイ・S・バイビーの二〇〇二年の覚書の主張とは異なり（第2章を参照のこと）、アメリカ連邦議会がこうした状況での拷問の利用を黙認したからではない。

裁判官たちが正当防衛を認める可能性は薄いので、法を犯して拷問の利用を決定する者たちは、次のような自覚をもつだろう。自分たちの判断は「最悪を避ける悪」であって、より深刻な危険を避けるには他に方法がなく、この決断によって自分たちは長い禁固刑に服することになるかもしれない、という自覚だ。

言い換えると、拷問を利用しようと決断する者は、有罪になる可能性ではなく、たとえ実際に有罪判決が下らなくても、ほぼ確実に有罪とみなされることを覚悟しなければならないということだ（先ほど述べたように、アラン・ダーショウィッツは、この方策は公正でないとみなす。そうは言っても、マキャヴェッリ論者と功利主義者のアプローチの共通点は、行政が秘密裏に行動するのを黙認するという「偽善的な方策」を拒否する点だ。ウォルツァーと同様にダーショウィッツにとって、問題は、極端な脅威が迫っている状況では、拷問を利用すべきかどうかを議論することでも、拷問を行う決定を下すのは法律家なのか拷問人なのかを知ることでもないだろう）。

そしてここにウォルツァーの論理における二つめの命題がある。カミュの『正義の人々』という戯曲には、無政府主義者のカリャーエフが（ロシア大公サレクサンドロヴィチ）に爆弾を投げつける前に、「私が死なないのは、自分は殺人者だからだ」という台詞がある。法規範に背いてもよい、また善悪を区別する原則に反しても構わないと法的に認めるのは、立法者でも裁判官でもないだろう。なぜなら、最大多数個人の幸福の実現につながるだろう最悪を避ける悪は、やはり悪だからだ。

功利主義者全員に共通する考えの最大の欠点は、善悪の区別を消し去ってしまうことだ。この区別の消失という重要な点は、マキャヴェッリの思想を貫き、彼の思想に悲痛な重みを与える。結局のところ、緊急避難として拷問を正当化する考えは、悪は必ずしも避けられないという、不完全な世界における責任や名誉にまつわる倫理に関することだろう。そしてそのような倫理は、完全に個人的なものでしかありえない。

ダーショウィッツの論理よりも説得力がありそうな、そうした洗練された論証は、われわれの感覚では受け入れがたい。なぜなら、緊急避難という理由は、国家の重大な犯罪に対するもっともらしい口実として、これまでにも何度となく使われてきたからだ。政府の詭弁に対し、身を守り、戦うべきなのではないか。いまだに勝利したことのない繰り返し発生するこの戦いでは、法の基本理念に抵触しない限り、法律はわれわれの最も頼りになる武器である。「世界におけるわれわれの信頼」を保証するのも揺るがすのも、最終的には社会という共同体なのだ。少なくとも社会という共同体は、われわれが悪をくじくために一丸となって尽力できる唯一の場であり、そのなかでも拷問は、人間として最悪な表現行為のひとつである。ナチスの拷問を受けたベルギーの対独抵抗運動家ジャン・アメリーは、この原則を明快に語った。

最終的に、私が日々をともにすごす人々と異なる唯一の点、それは彼らよりも激しく揺れ動く不安である。しかしいずれにせよ、それは社会的な不安であって形而上学的なものではない。私の心を砕くのは、存在あるいは非存在、神あるいは神の不在でなく、ひたすら社会という共同体なのだ。なぜなら、社会だけが私の存在の不均衡の原因であり、私はその不均衡に自分のまっすぐな歩みを対比させようとするからだ。この世では、社会だけが私から安心を奪いとる。[14]

権力の制御と法の遵守との狭間

マキャヴェッリ的なマイケル・ウォルツァーと、功利主義的なアラン・ダーショウィッツの提唱する方策が、哲学的思索において異なると同時に対立するものであっても、双方とも大衆管理の原則として法の支配を認める。なぜなら、ウォルツァーの方策では、法廷に召喚される「高貴な拷問人」は、拷問を利用する判断を下した理由を（〔そう判断しなければ〕不可避だったと思われる結果とともに）公に説明しなければならないし、ダーショウィッツの方策では、拷問は裁判所の令状がなければ実施できないからだ。

アラン・ダーショウィッツの推奨する法手続きによる方策に問題があることは紹介した。すなわち、民主主義では、違法行為を制度化したり合法化したりすることはできないのだ。しかし、法的判断を求める精神は、判断理由を公表する義務である、制御、制限、責任という基本原則にあくまで忠実である。つまり、それは民主主義の自由な思考の中核にある説明責任という考えである。もっとも、報告義務は当たり前のことだ。

反対に、民主主義の理想をつくり上げる二つの原則である、国家当局による公的管理と、無条件での人権尊重がせめぎ合う恐れが生じる。拷問の公的管理の原則と報告義務のみが民主主義の本質をなすという考え（ウォルツァーの方策よりもダーショウィッツの方策のほうが優れているという考え）は、アラン・ダーショウィッツなどのアングロサクソン系のリベラリストたちに支持されるかもしれない。しかし、譲ることのできない人権の重要性を、場合によっては軽視することになる。この点において、二つの慣習は公然と衝突することがなくても、いがみ合う。

アングロサクソンのリベラリズム的伝統の観点からすると、人権は、人間に関するプラトン的な考え、つまり、人間の人間性を絶対的な真実とみなすという、観念的な過去の遺物に属する。神学およびキリスト教哲学の伝統もこうした遺産を継承してきた。そのような理由から、人間に関するプラトン的な考えは、疑わしいものではないにしても、不確かなものと思われ、分析的および唯名論的なさまざまな思想が、人権の普遍性に対して断固たる批判を浴びせてきたという現実がある。

フランスにおける政治的および道徳的な伝統は、そうした懐疑的で哲学的な潮流と完全に別物ではないが、かなりの距離を置いた状態にある。

アングロサクソンの世界における支配的な議論（たとえば、アングロサクソンの伝統を具現すると同時に、それに影響をおよぼしてきた『正義論』（一九七一年）の著者である哲学者ジョン・ロールズの論理）にとって、政治的リベラリズムは、たとえば、人間の尊厳そのものの尊重から導き出される普遍的で観念的な原則に基づいているのではない。そうではなく、政治的リベラリズムが基づく原則は、全員にとって受け入れ可能であって、合意や良識あるコンセンサスから生じる契約や共同生活の規則に起因するのだ。さらに、〔政治的リベラリズムにおいて〕報告義務が重視されるのは、絶対的原則というよりも規則やゲームのルールに従うからである。

そう考えると〔政治的リベラリズムでは、〕「見かけが観念的な」[15]規範の概念に基づいて、拷問が法律と道徳の面でどのように正当化されるのかが理解できる。すなわち、社会秩序を明らかに乱し、社会の規則を守らない者に対してだけ拷問が行使されるのなら、拷問が政治的リベラリズムの指導原理と相容れないということにはならないのだ。

そしてそのような条件下での拷問の承認は、公正な社会の理念の本質である人間相互の関係と相互扶助の原則から生じるのである。公正な社会で暮らす人々は、この公的な正義原則に心から賛同する。いかなる理由であれ、この正義原則を侵害する者に対して、絶対的な倫理的要請だという理由から、それらの原則（たとえば、憲法上の基本的自由の保証）を適用しろと要求するのは、〔政治的リベラリストにとっては〕「道理を超えた」ことなのだろう。[16]

第6章　悪は善ではない

「実証法的法学において合法であることは、法律であることの認識の源泉である。厳密にいえば、それは認められるべきことの認識の源泉である」

フリードリヒ・ヘーゲル『法の哲学』

これまで、拷問に関する明確に異なる四つの立場を紹介した。

一つめは、拷問を完全に禁止する立場である。これは、絶対主義あるいは「カント主義」と呼ばれる立場だ（国連、赤十字、ヒューマン・ライツ・ウォッチ〔人権NGO〕、アムネスティ・インターナショナルなどの国際組織の立場）。

二つめは、国家的理由によって拷問の実施を無条件に正当化する立場である。独裁政権下では、この立場によって拷問の実施が認められる。

三つめは、拷問の実施は不可避だと考えるが、拷問が秘密裏に行われるのは拒否し、法の枠組み内での執行を提案する立場である。

四つめは、世の中は麗しいものではないのだから、拷問の必要性は認めるが、拷問は個人の責任において行われるべきだとする立場である。

つまり、一つめと二つめの極端な立場の間に、三つめと四つめの「中間的な」回答があるのだ。好むと好まざるとにかかわらず、理論的に最も難解なのが、後者の中間的な回答である。なぜなら、それらは先験的に論証できず、また原則による道徳的非難だけでは不十分であるからだ。

誰しもが自己の役割をもつ

拷問の廃止論者と「現実主義者」の回答が根本的に異なるのは、原則だけでなく、各当事者の立場が異なるからだろう。

どのような状況であっても拷問の実施を糾弾する者は、この訴えがいかなる形態をとろうとも、人権擁護の立場にある。譲歩できない原則の遵守に例外措置を一切認めないのなら、それは「当然の回答」だろう。こうした考えの持ち主が、特殊な状況において絶対禁止の解除を正当化するとは思えない。

だが、国家の安全保障が最大の任務である国家元首、トップの政治家、軍の最高責任者が、テロの脅威に直面するとき、拷問を絶対に禁止するとは思えない。

廃止論者と現実主義者の観点が完全に一致するはずだと考えるのは、単純で愚かな見通しだ。しかし、両者が絶対に相容れないとは言い切れない。

ある人物が、廃止論と現実主義を思い浮かべ、両者の考えをめぐって葛藤さえするとき、その人物の心中を理論的観点から検証してみよう。

その人物（たとえば、国家元首）は、拷問とそれに類する行為はそれ自体として悪であり、絶対悪だと心得ている。また、特殊な状況では、その悪はおそらく不可避だとも考えている。こうした倫理・現実主義的な立場の固有の特徴は、道徳的にも〔拷問を〕明確な違反行為だという可能性を認める点にある。

かくしてこの立場は、（倫理的なジレンマを無視する）例外的な状況というイデオロギーに満ちた想定に基づく正当化とも、（政治的拘束を無視する）道徳的な態度とも一線を画している。

この方策は、マキャヴェッリの『君主論』のドラマティックな条件に呼応するものだ。つまり、悪い奴らがいる世の中で暮らす「善良な人」が自己の権力を保持する、あるいは国家を窮地から救うには、悪を巧妙に配合せざるをえない。少なくともここに、「善良な人」なら自問しないではいられない疑問が生じるが、臆面もない功利主義者や理想主義者（彼らをこのように呼ぶのが適切であれば）なら、そのような疑問は抱かない。くだらない言葉遊びではなく、拷問は、しばしば事前には解決しない、回答のない疑問なのである。

拷問が生死にかかわる情報を得るための唯一の手段だと認めれば、解決されない唯一の疑問は、倫理的であると同時に政治的なものとなる。拷問は、民主主義の道徳基盤である憲法原則と両立しうるのか。いかなる条件なら共存できるのか。憲法原則は民主主義の骨子である。憲法原則に背くことが許されるような理にかなった一貫性のある理屈を、われわれはまとめ上げることができるのか。

近代の伝統では、拷問を正当化する理論体系は二つしかない。それら二つの体系では、拷問の禁止の解除は「一時的」あるいは例外的に容認される。すなわち、「状況に応じて行動する」というマキャヴェッリ体系と、当事者たちにおよぼす影響を功利主義的な立場から計算する体系である。

前者は、「正しい行動」に関する悲観的で相対的な（あるいは便宜主義的な）見方に基づく。つまり、それは「ご都合主義」だ。

後者は、最大多数個人の利益の計算と、それと同じ計算式による最小少数個人（あるいは少数派）の利益の犠牲の計算を同時に行い、それらの結果を差し引きする。

両者に共通するのは、緊急避難という状況に結びつけ、特殊な状況での緊急避難特有の拘束を課すことである。すなわち、「時限爆弾が仕掛けられた」という仮定がつくり出す危機は、差し迫った状況を前提にするのだ。先ほどから何度も述べたこのシナリオこそ、控えめにではあるが、現実的な観点から拷問を擁護する者たちがもち出すシナリオなのである。

偽善というよりも純真さ

しかしながら、例外的な状況において拷問の実施が正当化できるとしても、拷問は「一般公開」されるべきか。つまり、国は通常、拷問を秘密裏に行うが、密室でなく、公然と実施すべきではないのか。もしそうなら、こうした「公開」あるいは「情報開示」の責務とリスクは、誰が負うのか。もちろん、国はこのような「情報公開」を、国家的理由を盾にして嫌がるだろう。民主的な政府なら、こうした「公開」から生じる影響を支障なく受け入れることなどできないだろう。それは国内的な理由からでなく（政治指導者が拷問の実施を決断した理由を国民に向かって説明するのは、ありえないことではない）、国際政治という対外的な理由からである。拷問の実施の是非をめぐる討論は、公開討論に慣れ親しむ社会で暮らす熟考する自国民に理解してもらえるのなら、外国の人々にもイデオロギー的にわかってもらえるかもしれない。

同時に、先ほど述べたように公的管理の原則は民主主義に宿る。ところが、管理を求める者は、必然的に「公開」を命じる。そうなると、すでに言及した純真さと偽善という二つの態度の間で、せめぎ合いが生じる。

進歩的リベラリストにとって、純真さの原則に宿る政治的リスクがどのようなものであれ、そのリスクは、秘密、嘘、偽善から生じるリスクよりも絶対に小さい。この点において、現代ではマキャヴェッリ信奉者であっても、「罪深い行動は隠蔽するのが君主の務め」というマキャヴェッリの教訓には納得しない。いかなる状況であろうとも、政府首脳は情報公開を迫られるのだ。というのは、情報公開を求める声は他でもなく、権力の抑制やそのための権力分散バランスの制度上のメカニズムに関する、リベラルな原則の理論的影響を受けているからだ。

純真と偽善のどちらかを選ぶという選択を避けるための方策がひとつある。それは、秘密裏に行った政治が完全な秘密になるのを防ぐことだ。マイケル・イグナティエフが記しているように、「秘密は管理できる」[1]のだ。たとえば、非公開の国会の委員会において政府当局の説明を義務づけ、委員会のメンバーには守秘義務を負わせるのである。

このようなシステムが存在するアメリカなどの国では、「微妙な」情報を保護すると同時に、情報機関の情報入手の方法について批判的な検証が行える。そうはいっても、委員会に召集される政府当局が虚偽の証言をしないとも限らない[2]。

一九七一年に行われた「政治における嘘は合法か[3]」というテーマの議論において、ハンナ・アーレントは「方針としての嘘」と「極端な場合における嘘」を明確に区別した。

前者の嘘は、全体主義的な体制に固有の嘘であり、それは政府のシステムになっている。とくに、そうした嘘をともなうイデオロギーにより、意見表明の自由や真実の公平無私な追求に関するあらゆる形式は禁じられる。

後者の嘘に関して、とくに民主主義国の場合、事態はあまり明瞭でない。たとえば、ヒトラーを騙すためにフランス上陸作戦の本当の目的地について一九四四年に連合軍が行った大規模な欺瞞作戦（フォーティテュード作戦）を非難する者は誰もいないだろう。

ここでもまた、そうした問題はすべて状況次第であり、嘘の目的やその例外的あるいは論理的な性質に依存する。こうして次のような結論に達する。嘘は、場合によっては隠蔽しなければならないとはいえ、責任ある政治にとっては不可欠であると同時に、行動の公開性、リベラルな討議、国の権限の制御を尊重する人々にとっては、嘘と政治は本来的に相容れないということだ。

本書では、こうした討論をこれ以上掘り下げることはしない。ここでは、ハンナ・アーレントの言葉を紹介しておくにとどめる。「嘘の惨憺たる影響の一つは、嘘によってお互いの信頼関係が破壊されることだ[4]」。

信頼を破壊するという点において、嘘は拷問に通じる。なぜなら、嘘と拷問は、共通の影響をおよぼすからだ。すなわち、国民、より一般的に言えば人々の間の信頼を仲介する象徴的な場である政治領域の基盤が揺るがされるのだ。この討論の決定的な側面については、最終章で再び触れる。

民主主義の原則と拷問を無理やりつなぎ合せようとする急先鋒がアメリカである。アメリカ連邦議会は、投票によって拷問を合法化させた。しかし、アメリカ国内で合法化させても、国際法の絶対的な規範に背くことは、公的討議や批判の対象になる。

アメリカでは、ある時期に行政官によって秘密裏に認可された行為が後日発覚し、それらの行為がそのときは刑事訴訟や政治的処罰の対象にならない場合であっても、アメリカ議会は少なくとも見解を示すように求められた。そしてメディアや多くの独立組織は、監視や異議に関する自分たちの務めを自由に果たすことができた。強権国家であれば、そのようなことは不可能だったはずだ。

外国人にだけでなくアメリカ人の目から見ても、アメリカ政治が多くの観点から嘆かわしく思えるとしても、アメリカ政治のそうしたあり方を問題にし、意見が衝突する開かれた討議を行えるのなら、異端者を排斥することなく公的権力の監視を民主的に続行できる。こうした抵抗こそ、民主的な社会とそうでない社会の大きな違いなのだ。

すなわち、アメリカの政治、司法、メディアなどの機関は、まだ権力の手中に収まっているわけではないのだ。もしそうであったのなら、アメリカという国は、まったく別の政治体制になっていただろう。

アメリカ国民は、プライバシーが制限される監視体制に置かれる傾向にある。こうした安全保障がさらに強まる懸念は確かにある。だが、まだそこまでの状況にはいたっていない。アメリカに限らず他の諸国でも感じられるそうした傾向は始まったばかりだ。

よって、この点に関するアラン・ダーショウィッツの言い分は正しいと思われる。すなわち、国の公的管理の原則は、リベラルな民主主義の必要不可欠な要素のひとつをなしているのだ。これは哲学者マイケル・イグナティエフの主張の骨子でもある。

われわれは自分たちが掲げる原則を決して満たしていないが、それらの原則が社会を構築しているのだ。そうした社会の存在条件は、自己正当化の絶え間なる過程であると同時に、制度化される過程だ。社会のメンバー各自が持ち出す規律に照らし合わせると、すべてのリベラルな民主国家は失敗し、そして失敗することがわかっている。レシェク・コワコフスキ〔ポーランド出身の哲学者〕の言葉を引用すれば、リベラルな民主国家は、他の形態の国家と異なり、「終わりなき裁判」にさらされているのだ。この自己正当化という苦行を受け入れないのなら、リベラルな民主国家が命じる倫理規範に従って、リベラルな民主国家の存続は失敗に帰すだろう。[5]

したがって、純真さによって禁じられた行為〔拷問〕が合法化されるとしても、秘密と偽善よりは純真さのほうがよい。それは絶対的理由による。この点において、功利主義者とマキャヴェッリストは意見を同じくする。彼らの違いはこの点ではない。両者とも拷問の必要性を問いただしているのではない。彼らの相違は、拷問を実施する際の政治形式だけなのだ。それは、公的管理の原則を維持し、濫用を防ぐためである。

アラン・ダーショウィッツの方策を採用できない理由はいくつかある。彼の方策では、拷問が合法化されるため、拷問の制度化は避けられない。また、制御不能な司法の濫用に門戸を開き、悪が正当化され、悪が善にすり替わるという、ある種の価値観の虚無主義的な逆転が起きる（一般的に、それは功利主義に特有のことだ）。それは、善悪の概念は観念的な虚構にすぎないという言い訳であり、実際は、個人の功利的計算だけが意味をもつという言葉遊びでしかない。

悪という感覚を維持する

反対に、最後の砦、すなわち決して譲歩すべきでない最も重要な点は、道徳上の罪においてその罪の性質を固持することだ。功利主義に対して当然浴びせかけられる本質的な批判は、そうした秩序の根本区分、すなわち、「倫理的な原則の秩序」と「状況に応じた政治行動の規律の秩序」との間にあるマキャヴェッリ的区分がまさに覆ることに対してである。

マキャヴェッリは、どちらか一方の秩序を打ち砕くことも、引き下げることも決してしない。つまり、マキャヴェッリが後者の「状況に応じた政治行動の規律の秩序」を選んだとしても、それは前者の「倫理的な原則の秩序」を否定するからではない。

パスカルの有名な概念を踏襲すると、それぞれが固有の規律をもつ複数の秩序の区分を維持することが必要なだけなのだ。善良でない人々に囲まれた状態で破滅を避けなければならない

「良い君主」がしばしば悪に手を染めなければならないのは、悪そのものの意味を無に帰すという、政府の道徳基準ではない。例外を一切認めない「良い君主」は、悪は悲劇的なものだと肝に銘じている。

一方、特定の状況において政治活動から罪悪感が喪失すること、すなわち、悪を正当化して善に仕立てるそうした方法は、功利主義的思考、より一般的に言えば近代的思考の原罪である。ところで、功利主義は、道徳的思考においてだけ猛威を振るっているのではない。この体系の公準と、そこから推論する規範の評価基準は、経済学や法学はもちろん、現代の人文科学のあらゆる学問分野において覇権を握っている。それゆえ、功利主義を基盤として裁判官が拷問令状を発布するのを合法化しようという提案は、十分に考えられるだろう。裁判官の良心の咎めは、例外的な状況に関わる個人全員の費用便益である、客観的かつ公平無私で中立的な合理的計算によって払拭されるだろう。こうした結果の算術に従う場合、少なくとも理論上、容疑者が蒙る苦痛も考慮されなければならないのだが、容疑者の苦痛が最終結論に大きな影響をおよぼすことはないだろう。

法律を検討する際に、理論的ならびに実践的な観点から経済学のツール、公準、方法論を利用するそうした「経済学的なやり方」は、三〇年以上前から法学者への影響力を強めてきた。とくに、一九七二年に出版されたリチャード・A・ポスナーの『法の経済学的分析』[6]は、その先駆けだった。

シカゴ大学で一〇年以上教鞭をとったリチャード・ポスナーは、今日においても法学の経済学的分析の第一人者である。一九八一年にアメリカ連邦控訴裁判所（第七巡回区）の判事に任命され、一九九三年から二〇〇〇年まで裁判長を務めた。拷問に関する議論では、ポスナーはかなりパラドキシカルに、アラン・ダーショウィッツの立場は個人に責任をもたせる（ウォルツァーの）原則よりも拷問が濫用される恐れがあると考え、マイケル・ウォルツァーの「実用主義」の立場に近いのだが、ダーショウィッツとまったく同様に、次のような功利主義的な論証を行う。

確かに、コストには「拷問」という言葉が呼び起こす恐怖が含まれるが、数千人の命を救うことが唯一の目的なら、便益はコストを上回るだろう。たとえ数十人の命でも、おそらくそうであり、ましてや数十万人の命であるのなら、なおさらだ。このような極端な場合では、拷問は認められるべきだ。[7]

ポスナーとダーショウィッツの唯一の見解の違いは、ダーショウィッツは裁判官が発布する令状によって拷問利用が制限されるのではないかと信頼を寄せた一方で、ポスナーはこれに当惑することだ。

ポスナーが裁判官を信用しない理由は、第一にわれわれは、自分たちが拷問令状を発布してもらいたい裁判官や行政官を選べるからだ。また、たとえ例外的状況に限定しても、いったん拷問を合法化すれば、例外的とは言えない状況であっても、拷問が認められるようになるのは不可避であり、拷問が日常化する恐れがあるからだ[8]。

いずれにせよ、ポスナーは、「時限爆弾が仕掛けられた」というような状況における拷問の必要性を完全に認め、次のようにまで記している。

「タイムズスクエア〔ニューヨーク市マンハッタンにある繁華街〕に仕掛けられた原子爆弾の爆発を防ぐことのできる情報を入手するための唯一の方法が拷問であるなら、その情報を入手するためには、拷問を行うべきだろう（拷問を利用するだろう）。（……）そのような仮定などありえないと疑う人物は、責任ある地位には就けない[9]」。

この最後の論証はマイケル・ウォルツァーのものと酷似している。二〇〇五年にリチャード・ポスナーは、アメリカ最高裁判所判事の有力候補になった……。

法律と道徳

ここで再び、拷問以外の尋問テクニックはすべて失敗に帰すため、拷問は必要だったと事前に証明でき、拷問は「許容できる」あるいは「合法だ」と考えられると仮定しよう。問題は、そうした証明が法的に示せない点にある。実際に、状況が緊迫していたので拷問しか方策がなかったと証明するのは、「法技術的」および理論的な理由からほぼ不可能だ。先ほど述べたように、法学者たちはそうした証明を「悪魔の証明」と呼んでいる。

しかしこのとき、われわれは法原則ではなく事実の次元にある。法律の一般原則の次元において、拷問は絶対に非難される。道徳の観点からは、「義務論」やカント的見地ではなく、少なくとも結果論者の立場からは、そうとも言い切れない。この問題に関する法律と道徳の関係を、どう定めればよいのか。事態はかなり複雑だ。とにかく、分類する努力をしてみよう。

功利主義的な道徳が依拠する唯一の原則は効用である。効用を基盤に考えると、規範は多様であり、共同体の活動および法制が満たさなければならない唯一の基準は、全員を平等に扱いながら個人の効用を最大化させることだ。

功利主義的道徳の創始者ジェレミ・ベンサムは、人権という基本原則の反対者だった。彼は、人権という基本原則をあまりにも観念的だとみなしたのである。先ほど述べたように、近代において効用を理由に、例外的状況での法の適用の一時停止を唱えた最初の理論家の一人がベンサムだったことにも注目したい。

結果論者の観点からすると、道徳的および法学的な規範は、超越的かつ普遍的ないかなる原則にも基づいていない。規範は、人間の本性と結びつく譲渡できない権利との一致に応じてではなく、「最大多数個人の最大幸福」を実現するための計算ルールによって適用および評価しなければならないのだ。

より具体的に言えば、個人の快楽の合計を増大させ、個人の苦痛の合計を減少させることが規範になるのだ。この効用計算という原則に基づけば、不可侵で譲歩できない規範など存在しないことになる。

反対に、カントの考えはまったく異なる。カントによれば、法の構成原理は、自由と自由の制限という拘束による相互共存である。拷問の絶対禁止を導き出すのはこの原則であり、いかなる実定法〔法律、慣習、判決など、人間の行為によってつくり出された法〕も、これに背くことも、これを相対化することもできない。

実定法によって実際に拷問を合法化できるのなら、再検討されるべきは、法の形式的な合法性ではなく、すべての人間の尊厳を尊重するという公正で人間的な法律であり、これがわれわれの考えの真髄である規範的体系に実定法として合致しているかだという。カントはこれを次のように記した。「正しくないことを合法にする必然性はない[10]」。

われわれの社会は、この原則を単なる道徳的要求にするだけでは満足しない。この原則は、一九四八年一二月一〇日に国連が採択した世界人権宣言、さらに一九五〇年に調印されたヨーロッパ人権条約のように、法律の文言として形式化された。それらの遵守に留意するために、批准国はそれらの文言に憲法的価値を与えると同時に、権限をもつ欧州人権裁判所（一九五九年）などの機関を設置した。フランスは、一九七一年に憲法評議会の決定により、それらの文言に憲法的価値を認めた。

形式的には、実定法の厳密な観点からするとそれらの措置は、国が受け入れ、国が自ら進んで自国に採用したからこそ法的拘束力をもつのだ。これと同時に、われわれはそれらの措置を歴史上重要な原則の適用とみなす。つまり、人権尊重という原則の適用は、特別な規範的体系に書き込まれているからだけでなく、その固有の意味や真実の重みから有効性があると考えるのだ。それゆえ、この原則が法律によって定着したという理由から規範的価値をもつとしても、この原則に威厳があるのは、法や規則が規定しているからではない。簡潔に言えば、この原則に威厳があるのは、人間の意識や理性に現れるものだからだ。

ここで強調しておきたいのは、人権尊重という原則は、どんな状況にあっても超えることのできない歯止めになる、西洋の法律における根源的な規律だということだ。

そして人権を尊重するという原則の使命は法律を構成すると同時に、政治活動の限界を定める。しかしながら問題は、正しい政治活動と都合のよい政治活動との間の不明瞭な領域が存在することにある。というのは、ある種の特殊な状況では、道徳と必要性の折り合いを厳格につけるのを妨げる、ゲームのような事態に陥る可能性があるからだ。リベラルな思想に基づく拷問の正当化という厄介な問題が生じるのがこの領域である。

しかし、拷問を正当化しても問題は生じないという功利主義の観点において考察しない限り、拷問の正当化には困難が生じる。誠実な政治家が悪に手を染めなければならないのかと良心の呵責を覚えるのは、規範の絶対的倫理法の考えに照らし合わせる場合のみである。

われわれは、苦々しい過去の記録からおそらく絶望的な気分で次のように結論づけなければならないのか。民主主義は必要に迫られて行う拷問というブラックホールから逃れられないという内省だ。こうしてわれわれは、悲劇的な選択に直面する。これを一刀両断に解決することはできまい。この選択は、決して背いてはならない明確に打ち立てられた原則よりも、この選択に答えを見出す際の人々の立場に左右されるのではないか。

しかし、拷問の利用が正当化されるかもしれない「時限爆弾が仕掛けられた」という唯一の論拠を額面どおりに受けとるだけで、結論を出してもよいのだろうか。現在までのところ、明快な証明を行う際に、われわれはそのことに疑義を差し挟みもしなかったし、考え直しもしなかった。次章では、事態をより詳細に検討していく。

第7章　常軌を逸した寓話

「われわれの考察の目的は何か。それは経験だ。経験以外にない。経験という基盤が失われると、私たちはあらゆる種類の抽象論に行き着く」

ハンナ・アーレント『Edifier un monde』

われわれの考察のおもな困難のひとつは、経験に基づく論拠と、原則に基づく論拠との間で常に締めつけられ、揺り動かされる点にある。そして前者の経験に基づく論拠には、異議を唱える余地が必ずあり、不確実で誤っているのだ。

拷問は国家の行為である。よって第一に、拷問はたとえば戦争などと同様に、責任ある政治活動に関する問題なのだ。ところが、責任ある政治活動の特性は、原則と同時に世の中の特殊事情によって決まる。人権の絶対遵守を訴える者、命令に従う公務員、情報機関の職員などはその限りではないが、民主的な社会の指導者なら、こうした緊張あるいはジレンマにしばしば直面する。

しかし、当たり前のことだが、理論的考察が拠り所とする状況が、でっち上げ、あるいは嘘に基づくようなことがあってはならない。正直で責任ある政治指導者にとって、決断しなければならない状況は、想像や幻想に満ちた表象、あるいは純粋に抽象的な表象ではなく、現実の事情に正確に対応するものでなければならない。人間の出来事がもたらす問題の複雑性について真剣に検討しようとするなら、この義務も引き受けなければならない。[1]

「時限爆弾が仕掛けられた」という仮定の疑似的な現実主義

さて、ここからはできる限り明快に語ろう。あらかじめ想定する条件には、思考を誘導する拷問のイデオロギーが用いられていることからもわかるように、このイデオロギーは寓話に基づいている。「時限爆弾が仕掛けられた」というシナリオを裏づける明白な事実はひとつもなく、これは想像上の産物である。

具体的な状況を客観的に検証すると、このシナリオは説得力を失う。このシナリオでは、経験に基づく論証が必要不可欠だ。疑問や問題が生じるのは例外的状況においてであって、経験に基づく論証では、そうした例外的状況において拷問を正当化する際の論拠の段階で崩壊する。したがって、解決不能な道徳的ジレンマに陥る前に、実際の事実だけに基づくという、真実の原則に立ち返る必要がある。

「時限爆弾が仕掛けられた」という仮定は、ぞっとするリアリズムを帯びたものとして紹介される。テレビドラマ『24』のストーリーに照らし合わせるのではない。現実には、拷問を行ったからこそ差し迫ったテロ行為を防げたという経験に基づく証拠はまったくない。さらに厳密に論証すると、今日まで情報機関がそのような証拠を明確に示したことはない。実際に、そのような証拠があるとは考えられないのである。

アルカーイダのメンバーと疑われたアブドゥル・ハキム・ムラドの場合を再び考えてみよう。これはアラン・ダーショウィッツが「管理された拷問」という考えを提唱する際に言及した例である。

先ほど述べたように、フィリピン当局が六七日間にわたって、この男に対し、殴る蹴る、火傷を負わせる、溺死寸前を体験させるなどの強制尋問を行ったおかげで、定期便の旅客機に対する一連のテロ行為を未然に防ぐことができ、数千人の命が助かったという。

しかし、これを引き合いに出しても、例外的な状況における拷問は正当化できない。なぜなら、ムラドが重大な情報を供述したのは、拷問を受ける前の逮捕直後の時点だったからだ。ようするに、拷問時に詳細な情報が得られたというのは、警察のつくり話にすぎず、ムラドは拷問に耐えながら同じ供述を繰り返しただけだった。[2]

ダーショウィッツは、ムラドに対する尋問を拷問が正当化されるケースとみなしているが、「時限爆弾が仕掛けられた」というシナリオは成立しない。アメリカの哲学者ロバート・ブレッチャーが強調するように、六七日間にもわたる拷問が、はたして即時の緊急事態への対応と言えるだろうか。[3]

これも前述したケースだが、二〇〇六年八月にイギリス警察が二十数名の容疑者を逮捕した事件の場合も、明確な結論は下せない。彼らが逮捕されたとき、情報機関は切迫したテロ計画の存在を知らなかった。よって、それを未然に防ぐために彼らを拷問する必要があったとは主張できない。

そのうえ、「時限爆弾が仕掛けられた」という仮定、そしてその仮定から生じる拷問の正当化を、実際にはありそうもないシナリオにするのは構造的な口実である。管理された拷問に賛成な者たちは、出発点になる仮定について、話し合うことも検証することもしない。この仮定は常に自明の理として提示されるのだ。

ところが、誰もそのような体験をしたことがないため証言できず、それが具体的にどのような状況に相当するのかも説明できない。そこで、全員を賛同させるには、「テロリストが学校に爆弾を仕掛けた」という寓話を語ることになる。だが、それは単なるプロパガンダの手段であり、そうでないなら欺瞞である。

したがって、「時限爆弾が仕掛けられた」という仮定を、異議を唱える余地も、ありそうもない想定だと疑う余地もない、ある種の経験に基づく自明の理として提示する前に、この仮定そのものを検討しなければならない。この仮定を少しでも真剣に検証したのは、ロバート・ブレッチャー[4]など、ごくわずかの人々であり、彼らは著名でも大きな影響力をもつ人物でもない。

ありえない条件設定

仮定では、情報機関あるいは警察は、テロ行為を遂行しようとするテロリストを拘留できることになっている。しかし、この前提はかなり現実味に乏しい。時限爆弾を仕掛けた場所と、それが爆発する正確な時間がわかり、すべてが解決されるという仮説だ。

ところが、事態はそのように進行しない。これまでのケースからは、テロ行為の切迫（数時間あるいは数日以内にテロ事件が発生するに違いないこと）は、わかっていない。せいぜいテロ事件が起きるかもしれないという見通しが立っただけである。

拷問によってそうした情報が明らかになる可能性はあるが、当たり前の話だが、事前にそうした情報はわからないのに、いかなる理由によって被拘留者への拷問が許されるのだろうか。数千人の被拘留者の一人あるいは数人がテロ計画を知っている可能性があるとき、全員が拷問と似たような虐待を受けるようなことはない、と確約できるのか。事前には正式に立証された情報がないのに、「時限爆弾が仕掛けられた」という仮定を立てれば、きわめて厳格な前提条件と矛盾する、あらゆる逸脱の横行に門戸が開かれる恐れがある。

実際に、そのような事態が起きている。ロバート・ブレッチャーも、まさしくそのことを次のように記している。

評価するように促されるのは、数百人あるいは数千人の何の罪もない市民の死ないし負傷に対して、たった一人の人物が拷問を《受けることではない》。（……）それはむしろ、その人物への拷問に対して、数百人あるいは数千人の市民が死ないし負傷する《可能性》である。では、この可能性は一体どのくらいなのか。

われわれには、そんなことなど、まったくわからない。（……）よって、あなたの立場は、大惨事が起きるという確信でなく、その可能性によって拷問を正当化できる、ということだ。[5]

ところで、拷問を正当化するための前提条件は、当局が確信できる状態にあることだ。さもなければ、あらゆる逸脱が横行することになる。なぜなら、誰もがテロ計画に関する情報をもっているのではないか、と疑われる恐れがあるからだ。「時限爆弾が仕掛けられた」というシナリオでは、「テロの脅威が迫っている」、そして「テロの脅威は本物だ」と、国民に繰り返し訴える必要がある。時限爆弾の爆発が差し迫っているという確かな情報把握と、拷問を今すぐに行う必要があるという二重の条件には、確証が必要とされるが、現実には、当局が評価するのは可能性であり、そうした事態の起きる可能性が高い、あるいは低いということだ。

ところが、この確証という必須条件に従うなら、単なるリスクでは拷問を正当化できない。不確実な状況では、拷問を受けるのは、〔犯人ではなく〕何の罪もない数千もの人々になる。こうした論証は、すでにアウグスティヌスの著作『神の国』〔五世紀初頭〕のなかにみられる。

ある男に対し、お前は罪を犯したのかと尋問し、そしてその男を拷問する。すなわち、不確かな犯罪に対して、何の罪のない者は確かな痛みに苦しむ。〔その男が拷問に苦しむのは〕その男が罪を犯したことが判明したからではなく、その男が罪を犯さなかったことがわからないからだ。

いずれにせよ、裁判官がわからないときは、大抵の場合、不幸な目に遭うのは、何の罪もない者なのだ。[6]

次に、大物テロリストが逮捕されたのなら、その男を拷問することは正当化されるのかを検討してみよう。

ところで、そのテロリストが、一日、一週間、一カ月、あるいは一年にわたって黙秘したのなら、どうすればよいのか。仮に、何の罪もない数千人の命がかかっているのなら、テレビドラマ『24』のシーズン2の驚愕の瞬間のように、その男の子供を捕まえて拷問する、さらにはその男の目の前で殺してはどうか（ドラマではその後、それは相手を騙すための演出だとわかる）。

拷問を利用しなければそれらの情報は得られなかったかもしれない場合でさえ、そのような行為は正当化できないだろう。なぜなら、拷問は事後にしか正当化できないからだ。

たとえば、事前の捜査によって陰謀やテロ計画の存在が発覚したなど、事前に何らかの情報がない限り（この場合では、〔すでに情報を摑んだのに〕なぜ拷問するのかが問われる）、拷問によって情報が得られるという仮定では、拷問人の手に委ねられるのは、実際には何の罪のない数千もの人々である。

たとえば、二〇〇四年にアメリカ元司法省のジェームズ・シュレシンジャーは、アブグレイブ刑務所における逸脱に関する報告書を発表し、[7] そのなかで次のように指摘した。

「アメリカ人が道徳的理由から被拘留者に対する残虐な扱いを正当化する際には、ほとんどの場合が《時限爆弾が仕掛けられた》というシナリオのさまざまなヴァージョンが出発点になる」[8]。

二〇〇七年に自身も尋問官だったトニー・ラグラノスも次のように証言している（彼の証言については、のちほどさらに触れる）。

イラクでは、周りの人々と同様に、私は、時限爆弾が仕掛けられたというのは単なる仮定ではないと思っていた。われわれは、毎日のように本物の爆撃の結果を見聞きしてきた。歩兵師団は、捕虜を連行してくるたびに、反乱を引き起こしたのはその男だと述べ、ほとんどの場合、われわれが聞かされたのは、時限爆弾が仕掛けられたという類の話だった。[9]

しかしながら、ジェームズ・シュレシンジャーは、自身の報告書のなかで（付録の『倫理問題』というタイトルの章）、このようなジレンマに直面し、拷問という行為に従事する人物は、その後、専門部署に対して自分の行動について釈明しなければならないだろうが、このシナリオには、現実主義的な側面があると述べている。

第四歩兵師団大隊の指揮官の場合が格好の例である。その指揮官は、自分たちの部隊に対する攻撃計画に関する情報をもっていると思われる一人の被拘留者を殴ってもよいと隊員たちに許可した。殴っても望んだ結果が得られなかったので、その指揮官は、被拘留者の頭に弾丸を撃ち込んだ。

彼の策略は成功し、多くの兵士の命が救われた。彼のとった行動がジュネーヴ条約に反するのは明白であり、本人にもその自覚があり、軍法会議にかけられることもわかっていた。だが、彼には重罪は求刑されず、退役が認められた。

しかし、シュレシンジャーの議論は不正確かつ偽りである。事実は、攻撃計画はなかったのだ。現実には、報告者が述べるよりもきわめて残虐な行為によって得られた情報は嘘だったのである。

被拘留者イェシーヴァ・ハムーディが糾弾した男たちは、その後、告訴されることもなく釈放された。[10]

テレビドラマ『24』がおよぼす有害な影響

この仮説が純然たる想像の産物であることを示すもうひとつの手がかりは、イラクやアフガニスタンなどに駐留する多くのアメリカ人兵士たちが、テレビドラマ『24』の主人公ジャック・バウアーを参照モデルとして崇めることだ。

二〇〇七年にフランスの新聞『リベラシオン』は、次のような記事を掲載した。

「(ヒューマン・ライツ・ファーストの) デイヴィッド・ダンジグによると、ウエストポイント陸軍士官学校の指導教官たちのなかには、ジャック・バウアーは悪影響さえおよぼしていると考えている者たちがいるという。《テレビドラマ『24』のジャック・バウアーだったら、相手の脚を撃って、すぐに口を割らせるじゃないか》と疑問を投げかける士官候補生たちに対し、指導教官たちは、そうした行為は合法でないだけでなく、効果がないのだと繰り返し述べなければならないというのだ。このテレビドラマは現実主義を装っているが、それは現実ではない。現実では、拷問は効果的でない」[11]。

このテレビドラマのシーズンのさまざまなシナリオは、プロデューサーのジョエル・サーノウ[12]の脚本であって、現実ではなく寓話だ。それらのつくり話から完全に非現実的な要素をとり除かなければ、この番組が視聴者におよぼす悪影響は抑制できないだろう。

テレビドラマ『24』が世界中でヒットしたのは、〈民主的な社会であっても拷問が容認される〉ひとつの兆候である。

一つめの理由は、このドラマは民主的社会で暮らす人間によって制作されたからだ。

二つめの理由は、ほかでもない民主主義社会において、このドラマの根底に流れるイデオロギーに対して激しい非難の声がほとんど生じなかったからだ。だが、これは単なる娯楽作品ではなく、視聴者の心には、このドラマのイメージが刻印される。初回から五回までのシーズンには、少なくとも六七回の拷問の場面がある。麻薬の投与、電気ショック、偽装死刑、肉体的暴力の行使、感覚の遮断などの拷問を行う場面である[13]。

先ほど述べたように、このドラマの設定はまさに「時限爆弾が仕掛けられた」であり、社会にきわめて大きな影響をおよぼしている。現在では、アメリカ軍の将校がこのドラマをジョージタウン大学（ワシントンDC）の法学部の授業で教材として利用している[14]。

ついに批判の対象になったかと安堵したいところだが、必ずしもそうではない。たとえば、二〇〇七年六月、アメリカ最高裁判所の裁判官アントニン・スカリアは、オタワでの法律に関する討論会の席で、拷問の利用を正当化するためにこのドラマに言及した。「ジャック・バウアー判例集」なるものが登場したのである。「ロサンゼルスを救ったジャック・バウアーは数多くの命を救った。あなたはジャック・バウアーに有罪判決を下すのか。彼の行為が刑法に触れると言えるのか。私はそうは思わない[15]」。

このドラマ、いや時限爆弾が仕掛けられたというシナリオがおよぼす最悪の影響のひとつは、国家の「汚れ仕事の請負人」として、それまで軽蔑されていた拷問執行人に対するマイナスの暗いイメージが払拭されることだ。拷問執行人は英雄に祭り上げられ、社会正義のために自己の良心と生命を犠牲にするのもいとわない救世主のような存在になる[16]。そのような両義性をもつ人物が、キリストにも似たこのドラマの主人公ジャック・バウアーではないだろうか。

実際にこのドラマでは、合理的な側面だけでなく、文字どおり救世主としての側面から拷問が描写されている（本書の第4章を参照のこと）。われわれは、ここに価値観の恐ろしい逆転を目の当たりにする。教会には、拷問の歴史があるとしても（教会には、宗教裁判を始め、拷問に関する例がたくさんある）、こうした価値観の逆転は、平和を重んじる聖書のメッセージや、聖職者たちが自分たち自身および自分たちの存在について抱く本来の理解と相容れない[17]。

では、「時限爆弾が仕掛けられた」という状況は、現実にもありうると認めてみよう。経験に基づく多くの論証から導き出される結論は、（拷問は、道徳的に正当化できると同時に効果的であるため）拷問という尋問テクニックに頼るべきだという世間知らずな予想とは相反する。

時限爆弾の爆発が差し迫っていることを知っているテロリストは、拷問に耐え、黙秘するだろう。そのような人物は、「殉教者」になる覚悟があるのは言うにおよばず、事前に尋問に対する訓練を受けているのが普通だ。さらに、そのような人物には単純な尋問テクニックは通用しない。テロリストは、他人のせいにするなど、嘘をつくだろう。さらには、時間稼ぎのために（この状況では、時間が重要であることを忘れてはならない）間違った場所を教えるかもしれない。テロリストがそうした嘘を繰り返せば、捜査当局は拷問を一時中断して情報を確認するために貴重な時間を失う。

アメリカの歴史家ジョン・ラングベインは次にように記している。

「自己の大義のために死ぬ覚悟のあるテロリストは、拷問されれば、つくり話を語るだろう[18]」。

このシナリオは、緊急事態における拷問というパラダイムが描くシナリオよりも、はるかに現実的だと思われる。

最後に、このパラダイムでは、尋問側には完璧な知識があって、すべてが必然的法則によって連関する、明確な確実性が支配する見通しのよい世界で暮らしているかのように、すべての物事は進行する。個々に起きる出来事は相互に容赦なく連関しているため、不確実性や複合性が生じるが、不確実性や複合性を排除するために必要な時間は顧みられない。どんな出来事が起きても、尋問側はどのような決断や行動をとるべきなのかがわかるのだ。

しかし、そのような世界は、われわれが向き合う現実ではない。それはテレビドラマ『24』のようなフィクションにおける出来事にすぎない。

「時限爆弾が仕掛けられた」という仮定は、現実の出来事を客観的に検証したというよりも、想像から導き出されたおとぎ話に基づく。したがって、そうした仮定に基づいて拷問を考察するのは、単なる詭弁にすぎない。そしてこのような錯乱した考えに基づいて行動するのは、危険きわまりないことである。

ところが、拷問を消極的にではあるが擁護する者たちが言及するのは、常にこの邪悪な空想なのである。彼らは、実用主義の名のもとに例外的状況では、嘆かわしいことではあるが、拷問は必要だと考える。彼らは自分たちの論拠を強めるために、実際に似たような状況に陥ったのなら、君たちは一体どう対応するのかと問いただす。

現実には、きわめて例外的状況であっても、最も直接的に事件に関与する者が拷問を行うか否かを判断できるかのように思わせるのは、まったくの欺瞞である。「ところで、似たような状況なら、君ならどうするか」と自分の周囲の者に尋ねるのは邪悪な策略だ。

第一の理由は、その人にこの質問が投げかけられることなど決してないからだ。

第二の理由は、論証が決定的であるため、この質問により、われわれの価値観に反する回答が導き出されてしまうからだ。この質問を前に、われわれは道徳原則の脆弱性に気づく。正確に言うなら、そうした脅威に直面すれば、われわれは、(当然ながら) 感情的かつ衝動的に反応するだろうということだ。

だが一方で、われわれは政府当局には冷静な対応を期待する。これこそが正義という考えが依拠する公明正大な原則である。

したがって、先ほどから述べてきたように、論証はしばしば専門的であり、多岐にわたる複合的なものであるのに、道徳的議論全体は、まことしやかな仮定に基づいている。それは、せいぜい気晴らし、あるいは純粋な知的ゲームにすぎず、最悪の場合ではイデオロギーの隠れ蓑、つまり、プロパガンダの道具になっている。

実際に、この仮定もまさにそうなのだ。この仮定に基づいて拷問を真剣に考察することはできないのである。

マキャヴェッリ主義者に対するマキャヴェッリの回答

マキャヴェッリは、『君主論』(第一五章)で「自分の想像ではなく、物事の本質だけを考えろ」と主張する。

一方、この考えに共鳴するマキャヴェッリ主義者の現実主義的な解決策は拷問を正当化することだが、彼らの提唱する解決策自体は、驚くべきことに、想像上のつくり話に依拠している。たとえば、ロバート・ブレッチャーは次のように断言する。

「現実の世界において仮定にすぎない例を、その信憑性を慎重に検討することもなく、現実の出来事として利用するのは、知的に、そして道徳的に無責任な態度だ[19]」。

それは無責任であると同時に、事実を捻じ曲げ、つくり話をでっちあげ、事前あるいは事後に、そうしたつくり話に対応するとみなされる行為を正当化するため、危険である。

現実には、これはもっともらしい仮説どころか、ありえない話でさえある。だからこそ、厳格に道徳的な観点から、拷問および例外的な状況における強制的な尋問を検討する必要はないのである。古今東西の哲学によってこの問いに何らかのヒントが得られるとしても、答えを見つける必要はないのだ。

この問いに対して道徳的な道筋から答えを見つけようとすれば、袋小路にいたるのは避けられない。なぜなら、答えは所与の原則に依存するからであり、ある原則が他の原則と同様にまったく理にかなったものであるため、原則間の矛盾を解決するのは不可能だからだ。

理性的審理では、何の罪もない人々の命を救うために強制尋問の実行を容認するのと、自分の子供が死ぬのを覚悟しながら強制尋問の実行を断固として拒否するのでは、どちらが「道徳的立場」なのかを判断できない。

倫理原則に照らし合わせてこの二つの態度を理性的に正当化するのは完全に可能だ。前者は功利主義者の論法であり、後者はカント哲学信奉者の論法だ。

しかし、理性によって両者のどちらが「より道徳的」であるかは言えない。そのような状況において明らかになる実践理性の葛藤は、理性的には解決できない。拷問は道徳的責務として課せられる行為だとも論証できるし、その逆とも主張できるのだ。

究極的な理性原則では解明できない悲劇的な状況において、各自は自分自身の選択に追いやられる。理性は理性自体によって引き裂かれるのである。

賢明で慎重な政治活動の基盤になる、マキャヴェッリがいうところの物事の本質である、現実だけをみつめるのなら、事態はまったく異なる。

先ほど述べたように、マキャヴェッリが君主に教えた偉大なる教訓は、自身の「振る舞い方」を状況、すなわち「実情」に合わせることだ。したがって、例外的状況での拷問は、道徳あるいは不道徳と判断するのに適した行為ではない。

というのは、「正しい行動」、つまり適切な行動とは何かに関し、マキャヴェッリ主義者の概念に厳密に照らし合わせるなら、拷問は、禁止することではなく考慮しないことだからだ。

経験的視点、あるいは経験批判の視点だけが、倫理的観点からは答えの得られない討論を解決できる。

経験的視点が重要であることを理解する必要がある。人間の出来事そのものに向き合う、責任ある政治家の道徳的行為を導くのは経験的視点だろう。というのは、本来、経験的視点が特定の倫理原則を揺り動かすことはないからだ。

経験主義は、人間の経験、真実の規定、因果関係などの様式を扱う。しかし、経験主義そのものによって、経験とは異なる秩序であって決断の基盤になる道徳領域が切り開かれることはない。

たとえば、「自分の想像でなく、物事の本質だけを考えろ」というマキャヴェッリの選択である。われわれは、物事の本質だけを考えようとするよりも、到達可能な理想という調整原則に則して物事を変えようとする。これまでとは違うよい世界になりうるのだから、われわれがそうした世界に変えようとするのを妨げるものはなにもない、と考えるのだ。

ようするに、政治道徳の観点から具体的状況の現実だけをみるのが、決断であって、それは単なる確認ではない。

決断は、人間の行動に課せられる限界を確認する必要性に対してではなく（プラトン自身もそれらの拘束に無関心ではなかった）、われわれの世界を人間らしい世界にするために、自分たちの世界を変革するための規律あるいは原則の選択に対して影響をもたらす。つまり、こうした決断は、誰にでも無条件に当てはまる「絶対的な」原則や規範など存在しないと考える懐疑主義者の相対的規範の選択に影響をおよぼす。そこにこそきわめて大きな違いが生じるのだ。

したがって、「正しい政治」活動（すなわち、適切な政治）の実用的あるいは懐疑的なマキャヴェッリ主義者の概念基盤では、マイケル・ウォルツァーのような「マキャヴェッリ主義者」や、アラン・ダーショウィッツやリチャード・ポスナーのような功利主義者などの実用主義者が主張するのとは反対に、拷問に頼るのは（その可能性を「道徳面から」検討する場合においては）、完全に非現実的なのである。不道徳だからではなく（功利主義者なら、例外的な状況では、拷問は道徳的）、禁止されているからではなく（法は常に改正できる）、効果がないからでさえなく（一般的に、効果はないが）、事前に必要とされる多くの条件がすべて揃う機会、いやむしろその危険性は絶対にないからである。

ダリアス・レジャリの報告[20]によると、「二〇〇一年、クネセト〔イスラエルの議会〕のある議員がイスラエルの法務大臣に対し、過去一〇年間に《尋問の規則を破る必要性が生じたという報告書》は何件あったか、とイスラエル総保安庁〔国内情報機関〕に質問したところ、法務大臣は、司法長官の元にはそのような報告書は一件も届いていないと答えた」という。ちなみに、二〇〇三年にイスラエル当局は、時限爆弾が仕掛けられたのではないかという事件が一件だけあったことを明らかにした（この一件にしても信憑性は低い）[21]。

ようするに、イスラエル国に敵対する活動への関与が疑われるパレスチナ人に対する拷問を正当化するために、時限爆弾が仕掛けられたという類の言い訳はありふれたものになっていたが、そうした報告は二〇〇三年の一件しかなかったのである。

したがって、例外的状況での拷問を正当化するリベラルな理論を論破するには、逆説的に「倫理的中立」な立場を保つべきだろう。というのは、この問題において最も脆弱なのは道徳だからだ。おそらくこれこそがこの議論の一番の驚くべき様相のひとつだ。

道徳によって残忍な行為が正当化されるとは驚きではないか。道徳によって、拷問に求められる他者への共感力の完全な欠如が、はたして可能になるのか。他者に激痛を与えることが（少なくとも一部の者たちにとっての）善なる行為なのか。（哲学者エマニュエル・レヴィナスが考えたように）他者への配慮は倫理の原初的義務であるという、現代のわれわれの概念の中核にある原則に反する恐るべき矛盾である。

しかし、先ほど述べたように、まったくもって嘆かわしいことに、拷問は悪だとして、論争に終止符が打たれるのではない。

事実の検証だけにとどめる道徳的に中立な戦略を採用しなければならなかったのは、われわれはある種の状況では、（理性あるいは神のような突き出た視点によって）拷問が完全に反道徳的な行為であることを決定的に証明できないだろうからだ（証明できるのは、カントの観点だけであり、帰結主義者の観点ではない）。

われわれが示せるのは、（だが、それは決定的で重要なことなのだが）拷問は適切な解決策ではないということであり、そして拷問こそが適切な解決策だと主張する、あるいはそうなりうると信じさせるのは、危険かつ無責任だということだ。

言い換えると、われわれの戦略は、拷問に関するマキャヴェッリ主義者（そして功利主義者）の証明に対し、マキャヴェッリの視点〔想像ではなく、物事の本質だけを考える〕を採用することなのだ。

危険な思考ゲーム

空想家とは、自分は豊かな想像力の持ち主だと思っている人のことではない。「強制尋問」という手法が正当化されるのは、空想もしくは寓話の世界だけだが、それは現実の悪夢にいたる端緒になる。

デイヴィッド・ルーバンは次のように記す。

「主題が拷問の道徳観であるなら、哲学的思考の混乱は生と死に影響をもたらすかもしれない」[22]。

「時限爆弾が仕掛けられた」というパラダイムの第一の欠陥は、「現実をフィクションに見立てる」[23]純然たる物語風の構造にある。それはある種の思考ゲームであって、現実的な装いによって思考を惑わす完全な抽象論なのだ。

これを信じるのは、まったくの無責任である。なぜなら、実際に問題になるのは、生と死に関わることだからだ。いま、われわれは、学者たちが想像力たくましく考えた彼らの仮説を、何の危険もなく試せる実験室にいるのではない。

論拠などなく、もっともらしい想像上の物語からなるこうした思考ゲームは、アラン・ダーショウィッツが拷問を正当化する際に用いた論法によって強烈な印象を与える。ダーショウィッツ自身の証言を紹介する。

ハーバード・ロー・スクールで四〇年間教鞭をとってきた私は、仮定に基づく問題や、学生たちが諸悪から答えを選択しなければならないような現実の生活に関する問題を学生たちに投げかけてきた。学生たちは、機転を利かして最悪を避ける別の選択肢を見つける手段を導き出そうとしながら、それらの悲惨な選択肢を常に避けようとする。

仮定に基づく古典的なケースは、ブレーキの故障した列車の運転手についての問題である。運転手は死亡事故の発生を妨げることができない。もし、彼が何もしなければ、列車は子供たちを満載したバスに突っ込むことになる。彼は進路を切り替えることができるが、その線路上には一人の酔っ払いが眠りこけている姿が見える。彼のいかなる決断によっても、彼自身および列車の乗客に危険はおよばない。二者択一であり、他に選択肢はない。彼はどうするべきなのか。[24]

読者は、二つの悪のうちから悲惨な選択しなければならないと思うだろう。だが現実には、熟考は、論証する余地などない小話の陥穽にはまったのだ（一九七八年にイギリスの哲学者フィリッパ・フットが提起した有名な「トロッコ問題」を思い出してほしい）[25]。このような洗練された手法は、自己幻想、怪しげな操作、単なるたわごとである。それが「教科書」の例題として紹介される際には（おそらくそのように利用されるのだろうが）、例題から「もし、そのような場合、一体どうなるのか」という形式で紹介される、現実の困難あるいは起こりうる困難を解決するための想像力を養うことを本義とする、「思考実験」としての純然たる理論的性格を保つべきだ。

ところが、これは哲学または物理学における古典的な知的手法を用いる一方で（そうした例はたくさんある）、（きわめて感情的な）自分たちの回答を行動指針の基盤にするのだ。しかしながら、「思考実験」の目的は正反対である。すなわち、架空の状況を考えさせながら自分たちの考えや直感を試すことであり、自己の直感や先入観を再検討するためであって、直感や先入観を承認したり正当化したりするためではない。[26]

科学（たとえば、ガリレオやアインシュタインの業績）や知識理論においてこの手法が用いられているとしても、この手法は道徳責務の本性を熟考するためのものではない。思考ゲームは知的刺激に満ちており、たとえば、似たような仮定（拷問がそうしたケースに相当する）における心理作用や道徳的ジレンマに関し、複雑で深い考察を促すだろう。しかし、このゲームが軽率な前提に基づくのなら、よくできた気晴らし以外の何物でもない。

イワン・カラマーゾフは、弟のアリョーシャに尋ねた。「かりにお前自身、究極においては人々を幸福にし、最後には人々に平和と安らぎを与える目的で、人類の運命という建物を作ると仮定してごらん、ただそのためにはどうしても必然的に、せいぜいたった一人かそこらのちっぽけな存在を、たとえば例の小さな拳で胸を叩いて泣いた子供を苦しめなければならない、そしてその子の償われぬ涙の上に建物の土台を据えなければならないとしたら、お前はそういう条件で建築家になることを承諾するだろうか、答えてくれ、嘘をつかずに」「いいえ、承諾しないでしょうね」アリョーシャが低い声で言った。[27]

答えは次のとおりだった。「兄さん、認めないのはその解決法ではなく、質問そのものです」。なぜなら、質問は、純然たる想像上の仮定の問題、ようするに、単なる思考ゲームにすぎないからだ。

暇に任せて面白半分に流布した思考法が、人間の抱える難題の土壌に影響をおよぼすとき、どのようなことが起きるかを眺めるのが、熟考あるいは考え抜こうとすることなのだろうか。ハーマン・メルヴィルは、「船室でのんびりとトランプに興じている乗客たちは、タラップで監視している人間の責任に気づかない」[28]と記している。

小説家に適した役割がある一方で（たとえば、シニカルで暇な人物の特徴を描き出す）、官吏、法学者、医師など、現実に根差す人物があきらめる役割がある。

ここで思い浮かぶのは、アラン・ダーショウィッツではなく、チャールズ・クラウトハマーだ。二〇〇二年、ジョージ・ブッシュ大統領は、大きな影響力をもつ精神科医でジャーナリストのクラウトハマーを「生命倫理委員会」の委員に任命した。

その男を絞首刑にすれば、数百万人の命が助かると、少しでも信じるのなら、それを実行するのが道徳的責務だ。この例が《完全な仮定》だったとしても、これと同じケースにおいて拷問は許容できるという結論は（……）、原則を打ち立てるのに十分である。[29]

しかし、一つの例から一つの原則を、見事な論理によって打ち立てられるのだろうか。そのうえ、その例は「完全な仮説」という特殊なケースにすぎないのだ。この点こそが純然たる詭弁であり、一種の知的いかさまである。唯一の例から一般的結論、ましてや原則を導き出すことはできない。そして危険が迫っているという単純な思いから「道徳的責務」を推論することもできない。

アイデアや仮定を用いてプレーする思考ゲームが「興味深く」知的興味にあふれるものであっても、そのようなゲームは何らかの影響をおよぼす。それに、そのようなゲームは、頭脳の柔軟性を高めるための単純なゲームとしてではなく、実際に起こりうる状況に近い真剣な考察として紹介される。

しかし、次の二つの場合には大きな違いがある。最悪を避けるための選択や、一人あるいは複数の他人が犠牲になることは、最大多数の命を救うためにおそらく不可欠だったという特殊な状況おいて、どう行動したのかを尋ねられる場合と、[30]似たようなケースであればどうするかを尋ねられる状況になかった者が、仮定の状況に思いめぐらす場合では、非常に大きな違いがあるのだ。抽象的段階での仮定の理論ゲームは、行動が深刻で悲惨なものであっても、まったく問題ないのだ。

このゲームの狙いは、とてつもないジレンマや道徳意識の現実をわれわれに自覚させることではなく、他者を見捨てない、他者を苦しめない、他者を殺さないという道徳原則の権威を失わせることだ。

たとえば、イギリスの哲学者バーナード・ウィリアムズは次のように語っている。

「理性的な道徳を用いれば、途方もない状況に対する回答がもたらされうるという考えは、まったくもって常軌を逸している。(……)似たような状況なら、どう決断を下すのかと尋ねて暇をつぶすのも、常軌を逸しているのでなければ軽薄な行為だ[31]」。

ナチスは、無罪と有罪の境界を消し去るニヒリズムそのものと言える、そうした有害なゲームが得意だった。彼らは、手練手管によってユダヤ人たちに自分たちの犯罪の片棒を担がせ、彼らを「共犯者」に仕立て上げた。そのとき、怪しげな質問を受ける者が対峙するのは、「似たような状況であれば、君ならどうする」という完全な仮説ではなく、悪魔のような恐るべき制度だった。その制度は、功利主義者の打算の蔓延に基づく協力への誘いとして機能し、犠牲者たち自身の破壊を司る合理的な選択に関与するという、残虐な特権を犠牲者たちに与えたのである〔第二次世界大戦中、絶滅強制収容所では、一部のユダヤ人収容者は監視役に任命され、自分たちの同胞を虐げた〕。

国家が罪を犯すことになる

戦後の状況は当然ながら比較にならないが、同じような背徳的プロセスにより、現実を軽薄なフィクションにして、現実と必要性という「客観的拘束」の名において理論的に成り立つことが実際の政治になった。

ここでもまた、背徳的なプロセスの根深い悪意が明らかになる。なぜなら、政治国家としての人間国家は、（経済的、歴史的、哲学的、さらには道徳的な）拘束の結果では決してありえないのに、それらの拘束が客観性を装った決定を課すだろうからだ。

哲学者のなかでハンナ・アーレントほど必要性の論証がイデオロギーを生み出すと論破した者はいない。そうしたイデオロギーが、それ自体の本性として政治を否定するのだ。アーレントは、一九六一年に『人間の条件』のなかで次のように分析した。

「行動に関する現代理論において厄介なことがある。それは、それらの理論が間違っているということではなく、それらの理論が真実になりうることだ[32]」。

拷問が国民全体の規模で実施されるのなら、ある程度の効果があるのは否定できないが（この問題は、次章で述べる）、政治的代償の点から、これは成功しない。いずれにせよ、拷問は知的に正当化できない。

先ほど述べたように、「時限爆弾が仕掛けられたような状況（拷問が、場合によっては道徳的に正当化される唯一の状況）」では、拷問によって信頼できる有益な情報が得られると考えるのは、まったくの幻想である。また、例外的な状況では、「限定的」あるいは「外科的」に拷問を利用できると考えるのも幻想である。

拷問が社会制度になると、たとえ「管理された拷問」であっても、大衆政治において、そうした拷問は逸脱し、社会全体を蝕む、紛れもなく壊疽のように拡大する。この点に、例外的な状況での利用にとどめるべきだと主張する、現代の拷問の「穏健な擁護者」が見逃す主要な問題がある。彼らは過去の教訓を忘れている。

なぜなら、「時限爆弾が仕掛けられた」という寓話には新しいところがまったくないからだ。先ほど述べたように（本書の第2章を参照のこと）、第一次インドシナ戦争（一九四六〜五四年）の最中に練り上げられた、いわゆる「革命戦争ドクトリン」という、反乱を鎮圧するフランス軍の教義の中核には、拷問を理論的に正当化するために、この寓話があった。[33] アルジェリア戦争でジャック・マシュ〔フランスの軍人〕によって採用されたこのドクトリンは確固たる信条になった。

ジャーナリストのマリー＝モニク・ロバンはマシュの発言を紹介している。

「アルジェリアには爆弾があった。だから爆弾を見つけ出さなければならなかった。何度も言うが、われわれには、そのことがわかっていた。事態は緊迫していたため、力ずくで口を割らせる強制的な尋問法を採用する必要があった[34]」。

パラシュート部隊にいたジャン＝マリー・ルペン〔フランスの極右政治家〕は、一九六二年から「道徳的正当化」を行い（第4章を参照のこと）、二〇〇一年には、ポール・オサレス将校が回顧録を出版し、そのなかで、一九五七年にアルジェリア民族解放戦線の叛徒鎮圧を指揮したオサレスは、拷問や裁判なしの処刑を行ったと平然と語った[35]。

「時限爆弾が仕掛けられた」というパラダイムの根底を探ると、国家の犯罪に必ず行き着く。一九七〇年代にハンナ・アーレントは次のように強調した。

「われわれの時代に固有の出来事は、政治プロセスに犯罪が大量に入り込んだことだ[36]」。

アーレントは何について語ったのか。彼女は、国家安全を口実に犯罪が大量に入り込んできたことについて語ったのであり、あらゆる罪を正当化するために利用される論証としての国是である「それ自体が犯罪である政治活動のスタイル」について語ったのである。

ダーショウィッツの学説によって拷問が合法化されると、一体どうなるのか。つまり、裁判官の発布する令状によって強制尋問の実施が認可されるのなら、拷問実施チームは、特別な場所で教育および訓練を受けなければならないだろう。このチームには、自身も特殊な訓練を受けた医師も加わることになるだろう。拷問センターが各地につくられ、学校などの教育機関で拷問人が養成されるような社会は、品格のある民主主義社会と言えるだろうか。

ドイツの哲学者ハンス・ヨナスの言葉を用いれば、そのような社会は、「人間にとって居心地のよい場所」だろうか。デイヴィッド・ルーバンは問う。「われわれは、本当に拷問文化をつくりたいのか。そのような社会で暮らすのは、一体どのような人々なのだろうか[37]」。

拷問人の養成

次に述べる点は、とくに強調しておく必要がある。拷問を実施する国は、事前に拷問という行為を執行する官吏を事前に選抜し、彼らに教育を施さなければならない。

拷問人は無情で仕事熱心なプロのすることだ。彼らはすべての点から見て普通の人間だ。拷問人はサディスティックで病的な破壊衝動に突き動かされる人物だと思われるかもしれないが、そうではなく、自発的にこの職業を選択したのではない。サディスティックな人物だと発覚すれば、その人物はこの陰鬱な任務を遂行する情報安全局から外される。こうした人事は、たとえば一九六四年から八五年のブラジルや、一九六七年から七四年のギリシャの軍事独裁政権においても確認できる。

このテーマに関する最も詳細な科学調査のひとつに、「国家転覆を企む共産主義者」との戦いの期間に、死刑執行や拷問実施の部隊に属していた二〇名ほどのブラジルの警察官を追跡調査したものがある。[38] 彼ら全員は、きわめて残忍な研修を受けた。研修では、彼ら自身も体力の限界までさまざまな拷問を体験し、品位を完全に汚す扱いも経験した。そうした研修の目的は、のちに彼らの犠牲者が味わう状態を経験するためだった。すなわち、非人格化であり、個性の破壊である。

しばしば考えられているのとは逆に、「普通の人」を拷問人に仕立て上げるのは並大抵のことではない。[39] 繰り返すと、そうした普通の人が拷問人に抜擢されるのだ。拷問人が、犠牲者に対して何の共感も抱かず、命令に絶対服従し、一部の個人を抹殺すべき敵とみなす国家のイデオロギーに盲目的に従い、集団の精神に埋没するようになるには、心理社会学に関する知識を総動員しなければならない。そのような研修がなければ（これは拷問の任務を担う公的な機関の職務にしかならないだろう）、拷問の実施を例外的な状況だけに限定しても、拷問に頼るのは無理だろう。以上が、拷問のリベラルな正当化の必然的前提条件だが、拷問の擁護者はこうした条件を決して提示しない。

よって、「時限爆弾が仕掛けられた」というフィクションによって、われわれは本当の問題から遠ざかってしまう。それは緊急時の扱いではなく、「拷問の正規化[40]」という問題だ。拷問が制度化されると、たとえそれが「制御された拷問」であっても、司法裁判機構、軍隊、警察など、行政および立法のおもな社会制度、さらには世論までも蝕む、進行の遅い壊疽のように、この慣行が拡大していくことは避けられない。

今こそ慎重になり、実際にはありえない寓話を真に受けず、拷問の本当の合目的性を考察すべきではないだろうか。

第8章　無益な拷問

冷酷さや苦しみに対する慣れから、安易な嘘をつく者がいる。一方、弱さから安易な嘘をつく者もいる。このような傾向は、一体どこまで広がるのか。過去そして現代の弁論には、そうした考察で満たされている。

クインティリアヌス〈ローマ帝国の修辞学者〉『弁論家の教育』

拷問の研究で有名なフランソワーズ・シローニによると、[1] 拷問は「肉体と精神に押し入る方法」だという。[2] 拷問とは、捕虜の抵抗力を打ち破る（これは合法な尋問テクニックの目的でもある）ことではなく、捕虜の思考の指標や枠組みを打ち砕き、抵抗するあらゆる可能性、さらには人間としてのすべての権利を捕虜から奪いとることである。

さらには、捕虜がしゃべれないようにもする。というのは、拷問を受けた捕虜の語ることは信用できないからだ。つまり、拷問を受けた捕虜がしゃべるのは、捕虜自身に期待されることであり、そうした情報は信憑性に乏しく、捕虜は、拷問の苦痛を終わらせるために語ったにすぎないからだ。彼らの言葉は、真実でも嘘でもない価値のないものであり、その無意味さは、その言葉を発する人物自身の価値の消滅から生じる。すなわち、その人物そしてその発言は、何の意味ももたなくなるのだ。だからこそ、その人物は、嘘をつく、欺く、偽ることさえできないのである。

意味のない言葉

拷問下にある人物は、もはや苦痛しか感じない。彼の言葉は、対話ができなくなるまでの間の唯一の手段だが、それは何かを語るためでなく、彼の人間性を奪い、彼を打ちのめす苦痛の支配から逃れるためのものだ。拷問は他者性を消滅させる。他者性がなければ、コミュニケーションは成り立たない。話し合うには相手が必要だが、お互いに向き合うだけでは十分でない。しかし、激痛下では、相手はもとより、自分自身に向き合うこともなくなる。苦痛に苛まれる人物には、もはや苦痛しかないのだ。それはこれまで経験したことのない肉体の苦痛である。

ジャン・アメリーは次のように記している。

自己が否定されると、彼の存在は肉体になる。(……)。拷問においてのみ、自分の肉体を思い知る。拷問の苦痛にうめき声をあげる暴力に打ちのめされた男は、いかなる救済も期待できず、正当防衛の権利も失った。彼はもはや肉体以外の何物でもない[3]。

拷問は、人物のアイデンティティとコミュニケーションの可能性を同時に奪う。よって、拷問によって生み出される言葉には何の意味もない。拷問と似たような状況で語る人物は、何も言わないのと同じだ。というのは、黙秘するわけでなくとも、叫ぶ、うめく、自白する、あるいは情報を漏らそうが、彼の言葉には意味がないからだ。

そのような理由から、拷問の研修を受けた思慮深い尋問官は、相手の言葉に何も期待しない。

彼らは経験上、相手の言葉を信用しないし、信用すべきでないと心えている。したがって、最終的に拷問の論理は、本来の目的である「重要な情報」を得るのを自ら妨げ、失敗に帰すのだ。

その原因は、拷問が不道徳であることとは関係がない。肉体的および心理的な拷問は効果がないのだ。なぜなら、すでに述べたように、拷問により、受刑者の言葉の信憑性を判断するための条件、つまり、隠された真実と虚偽を区別するための条件が葬り去られるからだ。拷問を利用すると、その人物とはコミュニケーションをもつ関係ではなくなるため、その人物が最後の手段として発する情報には、信憑性がまったくない。それは、そうした情報が間違いなく虚偽だというのではない。

ダライアス・レジャリは次のようにまとめている。

> 組織的な拷問によって生じる問題はおもに二つある。一つには、拷問人には命令や規則を遵守しない傾向があるため、そうした拷問により、組織が衰退することだ。このような結果は、苦痛をもたらすという行為や尋問官の組織内抗争など、拷問人という職業にまつわる狭い職業意識から生じる。
>
> もう一つのよく起きる問題は、拷問によって数多くの誤報が生じ、尋問官が無益な情報の洪水に飲み込まれてしまうことだ。[4]

それらの問題はのちほど語る。ここでは、拷問が真実をえるための信頼できる方法ではなく、決してそうはならないという結論に焦点を当てる。拷問を行えば、被拘留者の言葉や反応を分析する機会さえ失われてしまう。拷問するというつらい職務が、尋問官がとり組むべきことの大部分になってしまうのだ。なぜなら、尋問する相手も言葉もなくなるからだ。拷問を受ける者は、拷問人が語ってほしいことではなく、自分が語りたいことしかしゃべらない。ようするに、何もしゃべらないのと同じだ。だが、一部の被拘留者は驚くべき抵抗力を示す。彼らは苦痛によって自我を失うのではなく、しばしば自我を強化することさえある。[5]

拷問が自我を強化するのと同様に驚くべきことがある。多くの研究者によると、一般に思われているのとは反対に、被拘留者は、拷問を受けてからではなく、拷問部屋に入る前の時点で自白するかどうかを決めている傾向があるという。

レジャリは次のように記している。

協力したのは拷問したからではなかった。自白するかしないかの動機は、その人物にすでに備わった性格によったのだ。自白した者たちは、ただ単に、他者を裏切るためのもっともらしいシナリオを探していたのだ。[6]

一方、拷問人が求めるのは情報よりも、被拘留者の完全な服従だ。服従するなら、その人物は、関与したすべての犯罪を自白するだろうと考えるのだ。たとえそうした自白がまったく非現実的であっても、そのように考えるのだ。

アリストテレスは、すでに著書『弁論術』[7]において「拷問を受ける人物は、本当のことを言うよりも嘘をつくという。真実を頑として語らない者がいる一方で、拷問を中断させるために平気で嘘をつく者もいる」と指摘した。古代ローマの偉大な修辞学者クインテリオンをはじめ、過去にも多くの学者が、このことについて何度も議論してきた。「君は、それを犯罪者の口を割らすための確実な手段だという。だが私は、それは犯罪者を咎めるための誤った手段だと言おう。強情な者であれば安易に嘘をつき、軟弱な者であれば嘘を必要とするからだ[8]」。

こうした例は枚挙に暇がないが、最近の（悲惨な結果に終わった）例からも、拷問が不合理だったことがわかる。

二〇〇一年一一月一一日、アフガニスタンでアルカーイダの訓練キャンプを指揮し、アメリカ政府のテロ容疑者のブラックリストに載っていたリビアのイブン・アル＝シェイク・アル＝リビは、パキスタンから離れようとした際に、パキスタン当局によって身柄を拘束された。パキスタン当局から身柄の引き渡しを受けたアメリカ当局は、彼を飛行機に乗せ、パキスタンかエジプトにある拷問部屋へと彼を移送した。[9] アル＝シェイク・アル＝リビの自白（まったくのでまかせだった）がきっかけとなって、ブッシュ政権は、サダム・フセインは大量破壊兵器を秘密裏に保有し、アルカーイダと裏でつながっていると糾弾したのである。ご存じのように、この「大嘘」によって、二〇〇三年のアメリカ軍のイラク侵攻が正当化された。

心理的拷問が開発されたのは、肉体的拷問に関するこうした難問から逃れるためだった。しかし、それらの心理的な手法が、被害者の抵抗力を打ち負かすのに効果的だとしても、肉体的拷問よりも心理的拷問のほうが、信頼できる情報を引き出せるという保証はどこにもない。心理的拷問においても、被害者は自分に期待されることをしゃべり、誤った情報を流すだろう。ようするに、拷問は不合理なのだ。

ダライアス・レジャリは次のように注意を促す。「睡眠時間を奪うと、極端な発言や判断ミスを含め、認知力が大きく低下する。このことは、研究者の間ではかなり以前から知られていた。似たようなことは酩酊状態でも起きる[10]」。「適切な拷問」とも呼ばれる、こうした「心理的手法」の唯一の利点は、痕跡を残さないことだ。心理的拷問が世界各地で利用されたのは、それが肉体的暴力よりも効果的と思われるからではなく、拷問と見なされる行為に該当しない、と主張できるからだ。

したがって、どのような形態であれ、拷問は、情報を得るための最も不確実な手段でしかない。これは専門家なら誰でも知っている。たとえば、アメリカ軍の情報部門の責任者ジョン・キモンズは二〇〇六年九月の記者会見で、「不当な行為からは価値ある情報は得られない」と宣言し、「不当な手法によって得られた情報はすべて疑わしい」と述べている。

合法的な尋問法

拷問の禁止の背景には、捕虜と尋問官との完全な非対称的な人間関係に、対称的な人間関係の名残りを維持するという考えに基づく。だからこそ尋問官は、ある程度の平等の原則を保持しなければならないのだ。もちろん完全な平等ではない。だが、双方の立場の非対称性や不平等な条件にかかわらず、人間関係を維持するには、こうした平等が必要なのだ。

これは信頼関係を築く、ましてや相手に共感する平等ではないが（もっとも、信頼関係が生じることもある）、たとえ双方が、嘘、策略、偽善を利用したとしても、完全には不平等でない人間関係である。そのような人間関係こそが重要なのだ。すなわち、依然として「双方の立場」といえる人間関係である。

法律的に認められるプロセスに従えば、尋問では、二人の人物による劇場型の光景が繰り広げられる（実際に、舞台装置は揃っている。そこでは尋問が行われ、ドラマが展開される）。二人の人物は、チェスのプレーヤー同士のような闘いを演じる。一方は黙秘する、あるいは重要なことは一切明かそうとしない。他方は情報を引き出そうと虎視眈々と狙う。当然ながら強情な捕虜の抵抗を打ち負かせば情報が得られる。

軍隊および警察の尋問官は、被拘留者の抵抗に打ち勝つために、さまざまな合法的尋問テクニックを学ぶ。だが、それらの尋問テクニックは必ずしも効果的でなく、多くの要因に左右される。たとえば、尋問官の経験、知性、忍耐、策略だけでなく、誘導尋問に対する捕虜の対応能力などである。

尋問にどれほど時間がかかろうとも、「時限爆弾が仕掛けられた」という仮定を認めるわけにはいかない。テレビドラマ『24』の主人公ジャック・バウアーが暴力に訴えるのを正当化するためによく口にする台詞のひとつに、「われわれにはもう時間がない」がある。合法な尋問では、鬼ごっこのような質疑応答が数十時間続き、調書が作成され、これを基に分析が行われる（確認や突き合わせ作業）。それは捕虜を追い詰め、その人物の「弱点」を見つけ、自白させるためだ。

尋問マニュアルに実際に記載されている尋問テクニックには、脅しと約束を示唆する、相手を落ち着かせる、あるいは高揚させる、尋問官を交代させる、「心優しい尋問官」と「意地の悪い尋問官」を交互に接見させる、大声で怒鳴る、なだめる態度をとる（一般的に、捕虜はこの態度を最も恐れる）などがある。

「自由にしゃべる」人物がもたらす情報だけが、信頼でき、役立つ可能性が高い（必ずしもそうではないのだが）。なぜなら、（打ちのめすのでも、破壊するのでもなく）精神と意志を征服してしまえば、ある程度、信頼できる証言を得られるからだ。[11]

これとは逆に、拷問によって得た情報は、ほとんどの場合が苦痛を中断させるために発せられたものであり、そのような情報は役に立たない。こうした事情は情報部門の専門家であれば経験上、誰もが知っている。

いずれにせよ、情報が、本物、偽物、不明確であるかを、時間をかけて確認しなければならない。

だが、例外的な状況なのだから時間をかけずにさっさと拷問してしまえ、という考えがある。極端な強制権を用いて、仕事を短時間で終わらせたいと思うかもしれない。しかし、尋問に要する時間は決して短くはならない。時間が短縮されるはずだと思うのは幻想だ。テレビドラマのフィクションによって流布されたそのような誤った考えは、事実によって明確に否定される。本当に効果的なのは合法的な尋問テクニックのみである。つまり、尋問官が、相手を「縛り上げて」行う拷問の擁護者が主張するような尋問ではない。

アルフレッド・マッコイによると、「ＦＢＩの尋問官は、軍隊式の尋問テクニックでは有益な情報はほとんど得られないと理解した。彼らは経験に基づき、非強制的で長時間にわたる尋問から人間関係を築く、独自の尋問テクニックを採用している」[12]という。

二〇〇五年三月のアメリカ議会の公聴会において、CIA長官ポーター・ゴスは、CIAの「厳しい」尋問のおかげで「文書化された成果」を収めたと述べたが、ゴスは自分の発言の裏づけになる証拠の提出を拒んだ。

現実は、長年にわたって拷問を利用してきたCIAは、いわゆる「時限爆弾が仕掛けられた」という類のテロ行為を拷問によって未然に防いだという、わずかな証拠さえ提示できなかったのである[13]。

しかし、強制尋問テクニックの効果がこれほどまでに疑わしいのに、どうして依然として拷問が用いられるのか。またしても、われわれの予断を見直す必要がある。

拷問の象徴的機能

拷問の実際の目的は何か。フランソワーズ・シローニによると、被拘留者を自白させるためでなく、被拘留者をすべての共同体から締め出し、恐怖のどん底に陥れることが拷問の目的だという。

一般的に思われているのとは反対に、拷問人が拷問を課す本当の目的は、被拘留者を自白させるためではない。拷問人も自白させるためだと主張するだろうが、それは絶対に違う。

事実は、拷問するのは黙らせるためなのだ。拷問人と被拘留者は、拷問によって沈黙にさえ追いやられる。

拷問というシステム、そしてその主役である拷問人の役割のおもな目的は、被拘留者をその人物が属する集団から追放することによって、文化的同一性を消滅させることだ。（……）数人の人物に対して文化的同一性を消滅させる技法〔拷問〕を施し、次に意図的にこの締めつけを緩めると、その集団内には恐怖が生じ、この恐怖はその国民全体に拡散される。[14]

強制尋問テクニックには効果がないという論証に、拷問の擁護者は納得しないだろう。だが、ニューヨーク大学法学部教授スティーヴン・ホームズも、拷問の狙いは、その見かけに反し、情報入手ではないと強調する。それは何よりも被拘留者が属する共同体に恐怖を与え、拷問人が属する共同体を「安心させる」ためだという。

拷問を擁護する者たちは、拷問で被拘留者の口を割らすことができなくても、拷問には意義があるとほのめかす。なぜなら、《拷問は法律に負けないからだ》。（……）アメリカ国民は、許可を得ることなく弁解することなく、行動したいのだ。拷問は、そのような冷酷な性格の持ち主であるアメリカ国民の決意にメッセージを送る。（……）この解釈が的外れなら、拷問は行われないはずだ。拷問が容認されるのは、拷問によって特殊な被害を避けることができるからだ。拷問は、自分たちが蒙った被害に応えてくれるのである。[15]

シローニが象徴的に知らしめるのは、民主国家が「被拘留者を縛り上げる」法令に従わず、蒙った損害に「目には目を」と反応することなど考えられない、ということだ。「拷問は、テロの裏返しであって、感情的に満足するための行為だ。それはテロそのものの姿を映し出す[16]」。ホームズによると、こうした論証は一般的に拷問という行為に反対するためのものだが、実は、拷問に現実的な意味を与えているという。拷問には効果がないと強調しても、拷問の本来の狙いである「目には目を」という象徴性を見逃してしまうのだ。

「近代戦」に関する理論家（国民を完全に支配するためのドクトリン）の一人であるフランスのロジェ・トランキエ大佐は、一九六一年に出版した著書のなかで次のように述べている。「従来の戦争と同様に近代戦では、敵に対して利用できる武器はすべて用いる必要がある。そうしないのは、ばかげている」[17]。「敵」が「戦争の武器」としておもにテロ行為を利用するなら、恐怖には恐怖で対抗すべきだというのだ。「住民全員が執拗な監視を行う。ちょっとした嫌疑や不服従の兆候があれば、死刑に処せられる。それらはほとんどの場合、恐ろしい拷問の末に起きる」[18]。

ところで、フランソワ・ジェレ〔フランスの歴史学者〕が、二〇〇八年に再版されたトランキエの著書の前書きで次のように記している。「アメリカの士官学校において、このような考え方の研究（……）は、ほとんど流行のような様相を呈した」[19]。

歴史家ピエール・ヴィダル＝ナケも同じようなことを記している。「アルジェリア戦争時、植民地で暮らす人々を近代的な国民に変えようとした。ところが、彼らはそのような完全な支配から逃れようとして蜂起した。これを鎮圧しようとして、強制尋問や裁判なしの処刑が行われた」[20]。

最後に、スペインの退役軍人プルデンシオ・ガルシアの記述を紹介する。ガルシアは、ホルヘ・ビデラ陸軍総司令官の独裁時代（一九七六〜八三年）のアルゼンチン軍の行動について注目すべき書物を記した。

いかなる場合であれ、社会的に異なる計画を提案する政敵を民主的に負かす必要はない。彼らの一部を、人間性を失ったきわめて危険な存在とみなして肉体的に破壊すればよいのだ。[21]

アフガニスタン、グアンタナモ湾収容キャンプ、アブグレイブ刑務所でのアメリカの経験からは、強制尋問を行っても有益な情報はほとんど得られなかったことがわかっている。それらの施設に収容された被拘留者の人数から考えると、ほとんど何の情報も得られなかったとさえ言える。つまり、拷問が役立つとするなら、それは情報を得るためではないのである。アルジェリアにおけるフランス、イラクとアフガニスタンにおけるアメリカ、インティファーダ〔パレスチナの民衆蜂起〕に対抗するイスラエルなど、大規模に行われる拷問の本当の狙いは威嚇であり、恐怖による支配の確立である。

ダライアス・レジャリはイスラエル兵の暴露を紹介している。

われわれがアラブ人を殴っても、私は、アラブ人の誰一人として自白しないだろうと思っていた。われわれは単にアラブ人をぶん殴っただけだ。（……）次の週になればアラブ人たちが石を投げるのをやめるとは思ってもいなかった。殴られた奴らはわれわれをもっと憎むだろうと覚悟していた[22]。

拷問を大規模に行った場合の効果は別として、拷問が戦争の武器になるなら、拷問によっていずれ政治的失敗が生じる（この点は、すべての専門家と思想家が指摘している）。アルフレッド・マッコイによると、「大人数を拷問すれば（ベトナムの数万人、アルジェリアの数十万人）、何かしらの結果は得られるかもしれないが、このような計画を実行すれば、長期的には政治的影響が生じ、本来の目的は達成できない」。

いずれにせよ、限定的な拷問政策なら効果的と考えるのは、完全な幻想である。

一九五七年、フランス軍は、革命活動家と思われる数千人を徹底的にとり締まり、アルジェにある都市部の秘密組織を破壊した。一年にわたるこの戦いの間、フランス軍兵士は、カスバ（アルジェ旧市街の一画）で暮らす男性の三〇%から四〇%を逮捕した。逮捕された者の大半は残虐な扱いを受けた。

ある上官の告白によると、「殴る蹴る、感電、とくに水攻めを利用した。水攻めは捕虜にとって一番危険な拷問法だった」という。多くの者は死ぬまで抵抗したが、集団に対する拷問により、謀反計画を打ち砕くための十分な情報が得られた。

〔ベトナムでの〕ＣＩＡのフェニックス計画により、南ベトナムの無数の民間人を残虐な方法で尋問し、そして不法な処刑を二万件も行ったことにより、ベトコンの共産主義者の基盤が破壊されたのは間違いない。

拷問を外科的処置として限定的に利用すれば大きな成功が得られるというのは、つくり話であり、寓話だ。

だが、ごく一部の罪人と大半は無実の者で構成される数千人の容疑者を拷問すれば、何かしら有益な情報は得られるだろう。[23]

したがって、肉体的、心理的な拷問が大規模に実施されるのなら、拷問には何の効果もないとまでは言い切れない。だからこそ、拷問の有用性の問題は複雑であり、「拷問に関するリベラルなイデオロギー」が登場したのである。同様の理由から、拷問を禁止する国連の拷問禁止条約第二条（「いかなる例外的な事態も拷問を正当化する根拠として援用することはできない」[24]）が定められたのである。

拷問およびそれに類する行為によって、しばしば重要な情報が得られるのは事実だが（情報を得ることが拷問の第一目的ではないとしても）、その代償は、どのようなものなのか。ダライアス・レジャリは自己の研究をまとめ、次のように記す。

拷問では正確な情報が絶対に得られないと証明されたのではない。（……）。証明されたのは、特殊な条件下では、拷問は、他の尋問テクニックよりも情報を得るために効果的だろうということだ。

以下、拷問が効果を発揮する条件を記す。組織が統一され（首尾一貫している）、きちんと機能していること。組織が訓練を十分に受けた尋問官を採用し、市民の多大な協力が得られ、独立した情報源を確保できること。情報入手のための時間的制約がないこと。強制尋問によって得られた情報を検証するための十分な情報源が存在すること。無実の者は拷問を受けずに釈放されることである。

ようするに、情報を得るという観点からすると、《拷問は、拷問する必要がまったくないときに》効果的なのだ。つまり、それは平和な状況であり、差し迫った事態ではないときである。[25]

ここで紹介したモデルから、拷問は現実において効果がないだけでなく、理論的にも拷問が効果を発揮するのに必要な特殊な条件がすべて揃うことはありえないとわかる。では、平和時なら拷問を行えるということか。この点にこそ、拷問の不条理に近い矛盾がある。

これこそが議論の核心なのである。「時限爆弾が仕掛けられた」という仮説を再びもち出すと、この仮説の前提には、限定的で管理された拷問の利用がある。だが、国が拷問を実施する際には、これまで見てきたように（過去ではアルジェリアとベトナム、現在ではイラクとアフガニスタン）、それは現実には大規模なものとなる。例外的、外科的あるいは「治療的」な拷問の利用という考えはごまかしである。大規模な拷問には、国の機構、国の手続、国の専門執行人が必要であり、これは必ず国策になる。

例外的な状況での尋問テクニックとして拷問が利用される際には、厳格に定められた合法範囲を超越する法律が引き合いに出されるか、「見えない敵」と戦う「近代戦」に対応する必要があるとして、合法範囲を適宜修正するように求められる。

アルジェリア戦争時の論証は、一部の勇敢な将校を除き、一般的に受け入れられた。強く抗議したのは、たとえばパリス・ボラディエレ司令官である。

「道徳面において、それは許容できなかった。なぜなら、それによってわれわれは、ナチスが行ったのとまったく同じ過ちを犯すことになってしまったからだ」。

ところが今日においても、われわれは、似たような退行を目の当たりにしている[26]。拷問を行っても何の影響もないと、一瞬たりとも想像できるだろうか。だからこそわれわれは、拷問が社会や国にどのような影響をおよぼすのかを、厳格に検証しなければならないのだ。

第9章　交渉の余地がない原則に固執する

「イタリアは、アルド・モーロ〔イタリアの元首相。左翼テロリスト集団に誘拐され、殺害された〕の喪失に耐えた。だが、イタリアは、拷問を利用してしまった」

カルロ・ダッラ・キエーザ将軍

拷問によって生じる問題を分析するには、多角的に考察しなければならない。国家が行う拷問は、分離独立した行為であり続けることはなく、必ず「システム」になるからだ。先ほど述べたように、拷問は情報を得るためには無益かつ効果がない。また、拷問を合法化するとみなされる議論（「時限爆弾が仕掛けられた」という仮定）は常に悪用される。

こうした事情は一般的に証明できるとしても、事実に基づく経験的な論証からは、特殊な場合では事情が異なるかもしれないという可能性を、完全には排除できない。

しかし、「往々にして」予測されうる事態という考えが導入されると、われわれの基本的原則全体が再考されることになる。いったん例外が認められると、例外は現実の行動規範になってしまう。

原則と例外

「時限爆弾が仕掛けられた」という仮定を認めると、この例外的な特徴を超える影響が生じる。その具体的理由は、こうした仮定が物事を判断する際の一般モデルとして機能するようになるからだ。

シュレジンジャー報告書によると、こうして本来はありえないと思われたことが、学術論争だけでなく実際の行動を裏づける指針になってしまうという。例外が規範になり、特殊な事例が一般化され、制御装置の当初の機能を大幅に超える構造に従って思考や意思決定がなされるようになるのだ。

そのような論証法が不条理かつ危険なのは、一九五八年のフランス憲法の第一六条だけに基づいて、フランスの政治および制度システム全体を改正しようとするようなものだ……。[1] たとえ一部のケースであっても拷問が容認されると、拷問を対象にする絶対的禁止が事前に失効してしまう。

そうはいってもアメリカでは、国際条約、現行法、士官学校における尋問テクニックの研修に従うのなら、その可能性はないだろう。ファチュカ基地（アリゾナ州）、そしてブラッグ基地（ノースカロライナ州）で教鞭をとった後、アフガニスタンに駐留したクリス・マッケイは二〇〇五年に、国際条約は諜報テクニックを教える『ヒポクラテスの誓い』（医療にかかわる者たちの心構えが記されている）のようなものだと述べた。[2]

マッケイは著書のなかで、尋問官は拷問を絶対的に禁じる原則に疑念を差し挟む立場にはないと述べる。すなわち、尋問官はそれらの原則を適用しなければならないのだ。この点に関する議論の余地は一切なし、である。少なくとも、それは彼が教わったことだという。

マッケイは、「ジュネーヴ条約の原則は「尋問官の聖書」であり、尋問官はこれを暗唱できなければならない」と記している。よって、尋問官はそれらの規則が「時限爆弾が仕掛けられた」という仮定によって破られる可能性を無視しなければならないのだ。

実際に、そのような仮定に対して絶対に譲歩しないという原則を定めなければ、この誘惑には抵抗できないだろう。言い換えると、きわめて特殊な状況では、拷問という行為が場合によっては正当化されうるとしても、似たような状況では、先験的に無視しなければならないのだ。例外は認められないのである。なぜなら、規則の範囲内の例外であれば、それらはありふれた出来事になるからだ。[3] いったん例外が認められると、例外の基準が緩み、例外は蔓延する。この傾向は容赦なくエスカレートする。

いったん原則が破られたのなら（すべてが決まるのは、必ず最初に原則を破った時点である）、次の次元に移るのを防ぐ手段はあるのか。

すべてのプロセスと同様に、例外はプロセス化され、そのプロセスは独自の進化を遂げる。「被拘留者全員が《きわめて重要な情報》をもっているかもしれない」と考えるようになるのだ。排除しなければならないのは、まさにこうした考えだ。たとえ可能性だとしても、これこそが悪に染まる第一歩であり、悪を生み出す方法であるからだ。

過去の経験から言えるのは、そうした可能性がいったん認められると、別の機会が必ず生じる。すると今度は、そうした可能性を実現させるための無数の機会が現われる。禁止ラインを踏み越えるのは、初めての行為であれば、まだそれほど恐ろしいことではないが、それはすでに最初の違反行為であり、徐々にもっと深刻な方法に頼るようになる、背徳へのプロセスの始まりなのだ。

トニー・ラゴラニスは、この破壊的プロセスに関する衝撃的な証言を行った。二〇〇四年にアブグレイブ刑務所に配属された尋問官だったラゴラニスは、二〇〇七年に出版された著書において、彼が被拘留者に対して覚えた絶大な権力、ならびに価値ある情報を引き出せという上官からの命令を遂行できなかったいらだちを記述している。[4]

ラゴラニスが扱った被拘留者の大半は、実際には蜂起とは何の関係もない、怯えた貧しい人々だった。しかし、遵守すべき規則の制限は明確でなかった。それゆえ、被拘留者に対し、雨や泥のなかで苦痛をともなう姿勢を一晩中とらせるようなことを強要した。

そのような行為がいったん容認されると、ラゴラニスを始め全員が、今度はもっと残虐な尋問テクニックを行いたいという誘惑に駆られた。だが、残虐な尋問を行っても何の効果も得られなかった。被拘留人に恐怖を植えつけるために、たとえば、軍用犬で威嚇する、耳をつんざく音楽を無理やり聞かせる、目のくらむような光を顔に当て続ける、終始怒鳴るなどの行為に加え、睡眠時間を奪う、裸にして屈辱感を味わわせる、小さな金属箱に閉じ込めるなど、残虐な行為を実行した。

すると間もなく、強情な被拘留者に尋問したとき、ラゴラニスの脳裏には彼らの指を切り落としてしまえばよいではないか、という考えが浮かんだ。彼はこの時点で自分は不吉な闇、すなわちサタンの工場（イギリスの詩人トーマス・カーライルがウィリアム・ブレイクから拝借した表現）に迷い込んだのだと悟り、そこから何としても脱出しなければならないと決意したという。[5]

ラゴラニスの物語からは、システムに内在する根拠のない暴力と残虐性、そして拷問人自身の肉体も破壊しながら被拘留者を打ちのめす非効率で無力なシステムの存在が明らかになる。[6]このケースは一般法に関する例証にすぎないが、職業倫理と道徳の決まりや、それらの決まりを定めるプロセスの尊重を、状況に応じて意のままに操ると、決まりは絶対的でなくなり、決まりを破ることは特別ではなくなる。

そもそも、こうした議論をもち出すのは危険なのだ。というのは、「状況」は人々が抱くイメージによってつくられるかもしれないし、「状況」は人々が主張するほど単純でも明らかでもないかもしれないからだ。[7]

カントはこの危険を察知していた。だからこそ、道徳律の命令は絶対的であるべきだと強く望んだのであり、先験的にそれらの命令に従う義務があると説いたのだ。

政治体制の本質を民主主義と定義する不可侵の原則を守ることに関し、道徳において真実であることは、法律においても真実なのだ。それらのいくつかの原則については、議論および交渉の余地はなく、それらのうちでも侮辱することを禁じる人間の尊厳の尊重は、最も重要である。ましてや肉体的あるいは心理的な拷問を課すなど、もってのほかなのである。

人間愛から拷問するという、誤って権利だと思われるものについて

イマヌエル・カントは、一七九七年に出版された『人間愛から嘘をつくという、誤って権利だと思われるものについて』[8]という晩年の小論文において、バンジャマン・コンスタンの「真実を述べる道徳原則が、絶対的かつ孤立した形で扱われたのなら、どのような社会であっても成り立たないだろう」という反論に対して回答した。

フランスの哲学者コンスタンは、カントの道徳論から推論できる「直接的な影響」を証拠としてあげた。すなわち、「真実を述べる義務は、《お前の友人は、お前の家に隠れているのではないか》と尋ねる刺客に対してさえも絶対的条件として不可欠なのか」という問いである。[9]バンジャマン・コンスタンは、帰結主義ともいえるこの現実的議論において、道徳は義務と権利との相互性がなければ成り立たないと付言した。「義務という考えは、権利という考えと不可分なのだ。つまり、ある人にとっての義務は、他の人の権利に相当するものである」[10]。言い換えると、真実を述べる義務は、その義務に権利をもつ人だけが課せられる。他人を害する人に

は、そのような権利はないのだ。

コンスタンの論旨に沿うと、無条件で課せられる原則はないという。たとえば、行動が実際におよぼす影響を無視して適用しなければならない原則や、「誰に」適用されるのかを調べることなく適用される原則は存在しないのだ。つまり、それは原則がもつ「権利」であり、絶対的な原則であろうとも、すべての原則は「仲介原則」を通じて効力が発揮されるため、仲介原則も考慮しなければならないのである。

たとえば、真実を述べる義務は、権利を義務に結びつける相互性の原則と一致させなければならない。バンジャマン・コンスタンによると、カント哲学が「非現実な考え」に陥っているのは、このきわめて重要な側面を見逃しているからであり、カント哲学は「非現実性によって非難されるべき」なのだという。したがって、どのような状況であっても真実を述べるという行動指針は、自分自身あるいは他人が犯罪の脅威にさらされているのなら遵守できないのである。

コンスタンとカントが論争した「犯罪の脅威」という問題に関する、この強烈な例は、本書の考察に最も近い。なぜなら、テロの脅威が差し迫っている状況において、テロの容疑者を拷問しないのは絶対的義務なのか、と置き換えられるからだ。言い換えると、カントの思考法を敷衍すれば、「人間愛から拷問するという、誤って権利だと思われるものは存在しないのだろうか」となる。

その答えは当然ながら、バンジャマン・コンスタンであれば「存在する」であり、カントであれば「存在しない」だろう。

なぜならコンスタンにとって、他者を害する意図のある場合や、義務全体を尊重しない者に対する場合は除き、拷問は禁止されるからだ（これはアメリカ司法関係者の論証にきわめて近い）。

カントにとって、拷問の禁止は、「自分あるいは他人にとって、その原則から生じる恐れのある被害の程度にかかわらず[11]」絶対的形式の原則であるからだ。

カントの論証はどうだろうか。まず、カントは、嘘の具体的な状況のさまざまな可能性と危険をともなう恐れのある結果を検証する。驚くべきことにカントは、本書が言及した議論の主要な見地と似通った考えを提示する。

たとえば、あらゆる予想に反して、よかれと思ってついた嘘が原因で、ある人物が殺されてしまったとしよう。嘘をついたであろう人物は、「自分の嘘が引き起こした結果について、たとえ予測できない出来事だったとしても、民事訴訟において抗弁するなど、嘘の代償を支払わなければならない[12]」。だが、それはカントの論証の最も重要な点ではない。

カントにとって、たとえ「よかれと思ってついた嘘」（この表現は、奇妙なことにジェイ・S・バイビーがいう「よい意図」による強制措置を思い起こさせる）によって、他者を救えたとしても、それでもやはりカントは、嘘をつく本人の利益ではなく、「その人の人類愛一般において」、嘘を否定する。

なぜなら、嘘を「法律の源泉にするのは不可能[13]」だからだ。よって、倫理の命令を「理性の畏敬すべき指令」とするのなら、そこに例外的な状況を差し挟む余地を認めると、法律の基盤そのものが崩壊してしまう。法律が「よろめき、無駄になってしまう」のである。「絶対的義務」に関する限り、命令は「すべての関係者に届く」。

だが、その原則は、道徳的に適用されるだけではなく、すべての経験的条件を考慮しないが、法律の教義を確立するものとして法的および政治的にも適用され、具体的な状況に適用する規則を提示する。カントは、これを称して次のように注意を促した。

「法律は政治に適応してはならない。法律に適応しなければならないのは常に政治のほうだ[14]」。

本書の研究の目的に見合うカントの考察は何を意味するのか。拷問の禁止は、先験的な原則であって、いかなる状況であっても破ってはならない、ということだ。原則を破れば誰かの命が助かる場合であっても、原則を破ること自体は常に不正行為なのだ。

フランスの哲学史学者シモーヌ・ゴヤール＝ファーブルは次のように記している。

「法のドクトリンを特徴づける純粋理性の要求により、カントの研究領域では、実用的な現実主義に属することは忘れ去られる。ましてや法秩序の実際的な概念を課す機会を考察することもなくなる」[15]。

しかし、カントは法律の理性的基盤を探求するとともに（効力をもつ実定法の単純な記述と、法律の理性的基盤がどう異なるのかの探求）、観念論と経験論の二者択一を克服しようとしたのだ。

そこでカントは次の問いに答えた。法律に意味があるのなら、そして、法律が単に現実の事実からなるのではなく社会関係を構築する決まり全体からなるのであって、それらの決まりが法律の可能性の条件であるのなら、法律はどうあるべきなのか。

カントはこの問いに対し、自らの原則に照らし合わせ、「法律に例外を設けるべきではない」と答えた。

法律に例外を設けないことは短期的には弱点かもしれない（これについては、果てしなく議論できる）。しかし、長期的には、この弱点は力に変化する。なぜなら、このやり方によってのみ、体制は、自己の当初の基本理念に忠実であり続け、将来的に自身の本質を侵害する恐れのある現在の誘惑を断ち切れるからだ。

ここでアメリカの哲学者ロナルド・ドウォーキンが提唱する見事な法定義を紹介しよう。

法への取り組みは建設的である。その目的は、よりよい未来に向かうより優れた道筋を示すために、過去に忠実であるべきだという考えを尊重しながらも、解釈の精神を用いて行為を原則に照らすことだ。それは最終的には兄弟愛に満ちた態度であり、われわれは、計画、関心、信念において異なっていているとしても、共同体では一致団結していることの表われである。[16]

法が想定していない状況は、「よりよい」未来ではなく、よりひどい未来をもたらす恐れがあるため、カントの法概念では、そのようなことは考慮しない。

一方、国家が拷問を行うというリベラルなドクトリンの行き着く先は、このよりひどい未来である。

カントとバンジャマン・コンスタンとの論争からは、個人の基本的権利の尊重に相互性の条件が導入されると、恐るべき結果が生じることがよくわかる。先ほど述べたように、二〇〇〇年代にブッシュ政権の法学者たちが繰り返し述べた相互性の条件という論拠は、ナチス・ドイツ時代の論争の核心部分である。

蔓延する不安がもたらす社会の脅威

今日、刑法の分野で世界的に著名で権威のある〔ボン大学法学部教授〕ギュンター・ヤコブスは、市民に関する刑法と、彼が「法秩序の敵」と呼ぶ者たちに関する刑法を、区別する原則を公に支持している。市民に関する刑法は不可侵であり続けなければならないが、「法秩序の敵」に関する刑法はその限りではない、というのだ。

ヤコブスは言う。「人間として扱ってほしい人物は、その人物の側から人間として振る舞うだろう明白な保証のようなものを提示しなければならない。もし、この保証が提示できなければ、あるいは、これが正式に退けられたのなら、その人物には、社会を構成する一員に対する刑法ではなく、敵に対する刑法が適用される[17]」。

ドイツの弁護士ジルケ・シュッジンスキーが説明するように、「ヤコブスによると、国の法秩序を拒絶する、あるいは破壊しようとする者は、法秩序の外に置かれ、市民に付与される諸権利は剝奪される。そして、われわれはそのような者たちを《敵》と見なし、あらゆる手段を講じて彼らと戦わなければならないという。

ヤコブスが考える敵に対する国の対応は、ようするに次のようなものだろう。罪を企てる以前の行動でさえ罰せられ、情状酌量の余地は一切なく、刑法でなく戦闘時の法律が適用され、訴訟手続きが行われる保障などない、という対応だ[18]」。

したがって、バンジャマン・コンスタンが提示する相互性を基盤にするこの「仲介原則」では、「善良な市民」の安全を守るための「あらゆる手段」(ハイデルベルク大学法学部教授ヴィンフリート・ブルガーは、これには拷問も含まれると断言した)[19]を合法化すべきだ、となる。

法秩序を遵守する市民と法秩序に反する敵をこのように区別すれば、ドイツの哲学者カール・シュミット(一八八八〜一九八五年)が提唱した「友―敵理論」という有名な峻別が、過激化かつ一般化する。

ヤコブスの区分はシュミットの理論[20]よりもはるかに「内向き志向の政治関係」の規範になる。ギュンター・ヤコブスの意見に従えば、民主主義国のすべての市民は、善良な市民として扱ってもらえるに値する人間だという「保証」を自ら提示できないのなら、あるいは社会にとって深刻な危険分子だと疑われるのなら、「敵」とみなされるかもしれないのだ。

安全対策という名のもとに法改正が求められれば、司法、道徳、政治など、あらゆる分野において恐るべき退行が生じるだけでなく、不安が蔓延する社会が築かれるのではないか。民主国家においてさえ、ホッブズが言うところの自然状態における人間関係の原初存在的な特徴である、恐怖や不安に逆戻りするのではないか。国家という制度の第一使命は、そのような退行からわれわれを保護することではなかったのか。このきわめて重要な点については、のちほど再び述べる。

権利と義務は不可分であり、法秩序においても同様だというのなら、一部の市民が義務を遵守しないために科せられる制裁は、憲法学上の彼らの基本的権利を侵害しないものであることを保証しなければならない。この保証を行う過程では、義務に背くすべての行為は、一般法の枠組みで裁かれるのであって、ギュンター・ヤコブスが言うところの「戦闘時の法律」である例外的法規によってではない。この約束が見直されるようなことがあってはならない。

この考え方はきわめて重要であり、これは相互性の原則によって条件づけられない。司法は、犯罪者が犠牲者を扱うのと同じようには犯罪者を扱わない。犯罪者に求刑される罰は、犯罪者を社会の「敵」とみなす結果ではない。犯罪者が裁かれるのは、犯罪者が社会契約の完全なる一員だからだ。市民が潜在的犯罪者ではないという証拠を示すように命じられることはないのと同様に、市民は、国の安全を深刻に脅かすと疑われたとしても、例外的法律の対象になると恐れる必要はないのだ。

これとは逆に、民主社会において重要なのは、社会の決まりがほぼ全員によって守られているという信頼感である。現実は常にそうでなくても、この当初の信頼感が再考されるようなことはありえない。これは絵空事でなく（この信頼感は、利己主義的な利益の追求を牽制するものなのかもしれない）、ある程度、穏やかな社会的関係が成り立つための条件である。そしてこの穏やかさにおいて中心的役割を担うのが法律である。なぜなら、少なくとも法律によって、公権力は制限されると同時に、市民は保護されるからだ。

相互性という悪意のなさそうな議論とともに、基本的、法的、政治的な権利の尊重が条件づけられてしまうのだ。つまり、「品行方正な行動」（法秩序を尊重するように行動する義務）を果たす個人なら、例外的法手続きや（おそらく）「強要的尋問テクニック」を含む強制的措置に服従させられることはない、という状態になる。[21]

ところで現在、国際法と同様に国内法では、人権は無条件で尊重されるべきものである。すなわち、基本的原則の人権は、われわれの法体系の基盤であり、この原則はいかなる法律によっても再考されない。なぜなら、法律は当然ながら基本的原則から導き出されるのであって、その逆ではないからだ。

そのうえ、専門的だが非常に重要な議論として、個人が法律を遵守するのは、法制度が存在することが大前提である。疑惑や蔓延する妄想に基づいてこの前提を再考すれば、いわゆる悪魔の論理に基づき、国と法律によってシステム自体を崩壊させることになる。

そうした結果を極端に推し進める相互性の原則により、（人権に関する国際条約から導き出される）人権の無条件であるはずの適用が、場合によっては停止するだけでなく、（法的、道徳的というよりも、理論的な理由から）法制度は自己崩壊に追いやられる。

現実には、市民が、法律そして法律および政治の秩序に服従している証拠を示すように要求されないのは、市民の服従は社会への帰属自体が前提になっているからだ。これは信頼の原則であり、この原則に基づく共同生活により、法律と国家の強制権は正当化されるのだ。なぜなら、強制権は信頼を破壊するためでなく、まさに信頼を保証するために制定されたからだ。これが自然状態と社会状態との大きな違いをつくり出す原則であり、ホッブズ以降、この原則は近代国家の概念の核心であり、そして国際法はこの原則に基づいて制定されている。

たとえば、国際公法において国家が批准する条約は、一般的に他の当事国においても適用されることを条件としてのみ適用される。一例をあげると、フランス憲法第五五条では、次のように定められている。「批准ないし承認された条約および協定は、それらが公布されてからは、他の当事国がそれらを適用するのを条件として、すべての条約および協定は、法律に優先する権威をもつ」。

だが、人権に関する条約の場合、これは該当しない。この相互性の条件は、人権には当てはまらないのだ。契約者の国家が人権に関する条約を批准していないからといって、人権を尊重しないわけにはいかない。この原則は、一九六九年に採択された「条約法に関するウィーン条約」の第六〇条において、明確に謳われている。すなわち、相互性の原則は「人道的性格を有する条約が定める身体の保護に関する規定には適用されない[22]」のである。

実定法の条項について断言できるのは、それはその本質において単に相対的な規範ではないということだ。実定法の条項は、超法規的でわれわれの道徳観の基礎をなす人間の尊厳を尊重する原則から導き出される。人間の尊厳の尊重は、歴史的に、そしてむしろ「精神的に」われわれわれの法律の骨子を成してきた。

実定法の条項は、われわれの価値観や制度だけでなく、国内の社会秩序の永続性を確実に維持するための条件のひとつでもあり、この条項が信頼よりも不安を蔓延させたり、すべての市民を常に疑ったりする環境をつくり出すようなことがあってはならないのだ。

民主社会は必ずしも「品格のある」社会ではない

歴史から明らかにわかるのは、「すべてが許される」独裁主義および全体主義の体制は、自由な民主主義体制と比較して、例外なく長続きしなかったことだ。もしそれが歴然たる事実なら、その理由のひとつは、民主主義の社会構造では、権力は規範に則して定められた法律上の限界まででしか行使できず、権力機関が逸脱しないようになっているからだ。これは、アングロサクソン社会では「法の支配」と呼ばれている（大陸法の国の概念に近い）。

したがって、権力の行使が制限されるので、理論上、法律はさまざまな形式の政治的工作よりも優位にあるのだ。だからこそ、詭弁的な解釈によって国際条約を回避しようとするすべての企みは恐ろしく危険なのである。たとえばそれは、アメリカの行政当局やそこで働く法学者が拷問の利用を合法化するために行った主張である。

権力の道具だと思っていたものが、権力だけでなく社会全体の不安材料になる。とくに法的手段によって拷問が解禁になると、システムの最も重要な原則のひとつが疑問視され、システム全体に大きな影響が生じる。いったんこの例外を認めてしまうと、事態はなし崩しになるだろう。

事実、二〇〇一年一二月二五日にアメリカ議会が採択したアメリカ愛国者法を始めとする、自由を侵害する法律が次々と制定されると、アメリカは重要な安全対策と称して拷問の禁止を解除した。

安全と自由とのバランスを保つのが難しいのは確かだが、疑念や不安ではなく、信頼感に満ちた安心できる社会で暮らせると市民が実感できることを保証する唯一の方法は、ようするに、基本的自由の保護だろう。

この点はきわめて重要だ。基本的自由の保護は、テロの首謀者たちが仕掛ける罠にはまらない唯一の方法でもある。彼らの西側社会に対する憎悪は、基本的自由の保護に基づく価値観を軽視したり、自分たちの破壊的な論理に基づく狂信的な目的を達成しようしたりするのと同様に、度し難いものがある。

基本的自由の保護は、（フランスの社会学者アラン・カイエが用いたすばらしい言い回しを用いれば）われわれの「共通の人間性」への帰属を保護する唯一の方法であり、それこそが民主的計画の核心部分なのだ。

しかし最後に、提示すべき同じ趣旨の論証がある。それは、自由な民主社会において拷問が行われると、結果として国家のイメージが歪み、深刻な影響が生じることだ。たとえば、冷戦時代にレイモン・アロン〔フランスの社会学者〕が打ち立てた国家体制に関する従来の類型は吹き飛んでしまう（立憲政体とそうでない体制、単一政党体制あるいは逆に複数の政党を尊重する体制など）。民主主義体制であっても、国が拷問を行うのなら、それは他の体制と何ら変わらない。なぜなら、体制を区分する基準は、（民主主義体制では独裁体制よりも拷問を行う件数が少ないというような）量的なものではないからだ。拷問の件数に関する閾値のようなものはないのだ。つまり、原則の観点からは、一件でも拷問があれば、すべて同じなのである。

国のイメージが混乱するため、品格のある社会とそうでない社会を区別する新たな類型を打ち立てる必要が生じる。そこで、イスラエルの哲学者アヴィシャイ・マルガリートの定義が非常に参考になる。「人々を傷つけないのが、品格のある社会である」[23]。

拷問が人間の尊厳を心理的および肉体的に侵害する屈辱に満ちた究極の行為であるのは明らかだ。ところが、品格のない社会であっても、形式的には民主主義になりうるのだ。これこそが二〇〇一年九月一一日以来のアメリカの姿である。

この「品格」の基準には、民主的な特徴あるいは政治システムの基準は、まったく含まれない。〔民主国家であっても〕普通選挙によって選ばれた国の代表者の過半数が、拷問の行使を容認するかもしれないのだ。すでに述べたが、一九九九年にイスラエルの最高裁判所が拷問を検討したように、この仮定はまったくの不条理ではない。

アメリカ議会の議員たちも同様に、拷問の行使を検討した。拷問を行使すれば、そのような国家体制の民主的な特徴は失われないとしても、重要な何かをなくしてしまうのではないか。それは一体何だろうか。国の「魂」だろうか。これこそが、イスラエルの裁判官たちが自国当局に警戒を促したことなのだ。

まとめると、人間の尊厳を侵害すること、人間を虐待すること、人間を苦しませること、ある人物から「重要」だと思われる情報を引き出すためにその人物を「道具のように扱う」こと、カント風に言えば「目的のために他者を手段として扱うこと」はあってはならないのだ。

この定めを遵守することは、選挙手続き、権力分立、政党政治体制などよりも、本来的にはるかに重要である。人間性の尊重という原則は、拷問によって最も極端に侵害される。拷問は死刑よりもはるかに有害だ。人間の尊重を基本理念とする人道主義を重んじる国家体制であれば、そのような拷問は受け入れられない。

しかしながら、こうした品格の基準に基づけば、過去および現在の行いに関して、多くの民主社会が非難の対象になるのは免れない。今日と過去のアメリカ、さらにはイスラエル、イギリス、そしてアルジェリア戦争中の権力濫用を思い起こせば、フランスもそうである。世界を二分した冷戦によって、われわれは明快に区分されたカテゴリーによって世界を考察できた。「民主国は、自分たちのイデオロギー上の敵国よりも、国家による拷問を行わなかった、そして国家による拷問を他国に導入しなかった」と考えるのは、たとえ程度の違いがあるにせよ、幻想が入り混じっている。しかも、それはさらなる議論の余地さえあるだろう。

これを疑うのなら、アルトゥール・ロンドンの『告白』[24]を読んでみればよい。一九五〇年代初頭、ソビエト連邦から来た専門家たちに訓練されたチェコの諜報機関の尋問官が用いた手法は、その五〇年後にアメリカの収容キャンプで利用されたものとまったく同じである。たとえば、食事を与えない、睡眠を奪う、肉体的な苦痛をともなう姿勢をとらせ続ける（ロンドンの場合、拘留された陰鬱な地下室を歩き続けるように命じられた）、昼夜にわたって尋問を行い続ける、殴る、ののしるなど、被拘留者を侮辱し、被拘留者の抵抗力を破壊するためのあらゆる手段である。[25]グアンタナモ湾収容キャンプに移送される際の被拘留者も、コスタ＝ガヴラス（フランスの映画監督）の映画によって有名になった黒レンズのメガネをかけさせられたではないか。

「対テロ戦争」という枠組みにおいて国家による拷問が再開したのが周知の事実になり、われわれは、自分たちが何者で、自分たちがどこに向かっているのかが、わからなくなってしまった。原則は破られ、条約はゆがめられるか破棄されたため、判断の指標は混乱し、自分たち自身に対するイメージも混乱している。未来はこれまでになく危険に満ちている。「西側諸国」は、イスラーム原理主義のネットワークにイデオロギーに満ちた論拠を与えたため、彼らは自分たちの戦士を容易に徴兵できるようになった。これは彼らが夢にも思わなかったことだ。サミュエル・ハンティントンの『文明の衝突』における詭弁が、ほとんど正しくなってしまったのである。そもそも、自分たちも拷問を行っているのに、今後われわれは、どのような理屈をつけて拷問を糾弾するのか。これは単純だが深刻な議論である。

人道主義を伝統とするわれわれの社会にとって、品格を保つ原則を維持することは緊急を要する。ようするに、それはわれわれが生き延びるためなのである。ロベール・バダンテール〔死刑を廃止させたフランスの司法大臣〕が死刑について書いたことは、拷問にも当てはまるところがある。

民主主義にとって、テロリストを死刑に処すのは、テロリストたちの価値観を受け入れることだ。テロリストたちは、誘拐して連絡を絶ったのちに、誘拐したその人を、正義を貶める滑稽なやり方で処刑した。それは、テロリストたちが忌まわしい罪を犯しただけでなく、民主主義に最も忌まわしい罠を仕掛けようとしたのだ。つまり、それはわれわれの民主主義を死刑に頼るように仕向けるという、殺人的暴力に満ちた罠なのだ。この罠にはまれば、彼らの価値観を受け入れる民主主義は、彼らと同じように血に染まったものになってしまうだろう。[26]

このような価値観の虚無主義的な逆転から逃れるには、われわれは、あらゆる形式で行われる拷問を糾弾しなければならないのである。

第10章　非合法な国家

「国が捕虜の身体に触れたのなら、それは非合法になる」

ミゲル・ベナサジャグ『ユートピアと自由』

「虹の紫色が終わる境目、そしてオレンジ色が始まる境目を指摘できる者はいるだろうか。色は区別できるが、色が混ざり合い始める境目は、厳密にどこなのか。では、正気と狂気の場合はどうか。明らかな場合であれば、何の疑問も生じない。だが、はっきりしないさまざまな段階を考える、境目が不明瞭な場合であれば、正確な境界線をあえて引こうとする者はいない。ところが、ちょっとした謝礼と引き換えに、それを行うことをいとわない専門家が存在する」[1]。

正気と狂気の間に明瞭な境界線を引くのは、場合によっては難しいというハーマン・メルヴィルの指摘（正気と狂気をそれぞれ定義するは比較的容易だが、そうではなく、評価の定まらない一部の「疑わしい行動」を具体的に考察すること）は、拷問にも見事に当てはまる。

マンハッタン政策研究所のアメリカ人法学者ヘザー・マクドナルドによると、戦争捕虜の扱いに関して定めた規定と、アブグレイブ刑務所での残忍でサディスティックな行為との間には確実な連続性があるという、調査報道記者シーモア・ハーシュと歴史家アルフレッド・マッコイの説は寓話ではないという。

マクドナルドは次のように述べる。「敵といえども敬意を表すべき戦争捕虜の扱いに関する黄金則と、肉体的および精神的に激しい苦痛をおよぼす拷問との間には、巨大なグレーゾーンがある」[2]。

クリス・マッケイイは、『陸軍尋問官――テロリストとの心理戦争』（中谷和男訳、扶桑社、二〇〇五年）のなかで、アメリカ軍は尋問テクニックに関してジュネーヴ条約の原則を遵守してきたのか、という疑問を投げかけ、このグレーゾーンの存在を訴えている。

拷問は定義できるのか

本書の議論の難しさのひとつは、国際法によって禁止されている拷問などの屈辱的で下劣な行為と、相手の身体に触ることさえ禁じる合法的な尋問テクニックとの区別にある。

しかし、すでに述べたように、いわゆる「心理的」尋問テクニックの特性は、従来の肉体的拷問の際の過激な暴力と比較して（電気ショックやウォーターボーディング〔水責め尋問〕）、相手の身体を肉体的に傷つけずに、比較的穏やかにみえる方法で相手の抵抗力を打ち破ることにある。したがって、シーモア・ハーシュとアルフレッド・マッコイによると、心理的拷問は彼らの言う「グレーゾーン」に該当するという。[3]

心理的拷問は、英語風に言えば「侵襲」をともなう傷跡を残す尋問ではないので民主主義の規範に矛盾しないように思える。だが実際は、心理的拷問も肉体的暴行と同様に、人間の尊厳の尊重を侵害する。この点が肝心なのだ。つまり、どの規範や原則に基づいて考察すべきなのか、ということなのだ。

ようするに、形式的な規則（たとえば、被拘留者の身体を侵害することの禁止）を尊重する一方で、原則（おもにすべての原則の基盤になる尊厳の原則）を侵害できるのだ。そして規範とその原則との隔たりに、尋問テクニックの「グレーゾーン」というあいまいな領域が広がっているのである。

それらの尋問テクニックは形式的には合法だが、法律ではなく少なくとも法律をつくる道徳原則を侵害する。言い換えると、それらの尋問テクニックは必ずしも法律に触れないが、それらの尋問テクニックにより、法の精神が侵害されるのは明白なのだ。

そもそも、道徳原則だけでなく、ＥＵ基本権憲章の「尊厳」に関する第一章第三条にも、「何人も、自己の肉体および精神の不可侵の尊重に対する権利を有する」と規定されている。そのうえ近年、実定法が推移する過程では、精神および肉体の不可侵の尊重を促す法律が増える傾向にある（たとえば、これはモラル・ハラスメントに関する法文にみられる）。

強制的に行われる心理的拷問は厳密な意味において拷問とは認められない、という見方は誤りだろう。試しに一九五〇年代にチェコの諜報機関の尋問官によって数カ月にわたって睡眠時間を奪われたアルトゥール・ロンドンの証言を思い出してみればよい。

「私は、ナチスの強制収容所のなかでも悪名高いノイエ・ブレム強制収容所〔ドイツのザールブリュッケン近郊〕とマウトハウゼン強制収容所〔オーストリアのリンツ近郊〕にいた。しかし、侮辱、威嚇、殴る蹴る、空腹、のどの渇きなどは、睡眠を奪われることに比べれば、子供だましにすぎない。人間から思考を完全に奪うこの地獄の体罰により、人間は自己保存本能に支配される動物にすぎなくなってしまう」[4]。

したがって、心理的拷問テクニックにより、拷問の概念そのものは再考を迫られ、拷問の基準を明確にする必要が生じる。ジェイ・バイビーやジョン・ヨーが主張するように、肉体器官の破壊あるいは決定的な心的トラウマに相当する、「肉体的および心理的に著しい苦痛を課す意図」という基準だけで拷問が定義されるのなら、肉体的暴力の最も残忍な拷問テクニックだけでなく、「きれいな拷問」と形容される洗練された尋問テクニックである、感覚の遮断や自分自身で課す苦痛も、拷問の定義に当てはまらない。

ダライアス・レジャリは、次のように記している。

いずれにせよ、被拘留者が肉体的な苦痛を感じたか、個人が拘禁された無力な状態に追いやられたのではないか、尋問官を始めとする関係者が国の代表者およびそれに準じる者だったか、その行為が国家的な理由（公共の目的）のために実施されたのか、を問いただす必要がある。もし、それらのうちのどれか一つにでも該当すれば、それを何と呼ぼうとも、拷問が行われた可能性がある。

さらには、その行為が法律的に認められている、あるいは慣習的に容認されているのな

ら、それは合法的拷問だ。そして拷問が尋問中に行われたのなら、それは司法拷問であり、
尋問後であれば刑罰拷問である。[5]

さらに、レジャリによると、どのような行為であっても、先験的に拷問とは定義できないという。これはきわめて重要な点だ。たとえば、メスは外科医の道具でもあり、「外科的な拷問」でないとしたら、それは手術である。

現実では、経験に基づいて拷問を明確に定義するのは難しい。なぜなら、拷問は規範的な判断に則して考察できないからだ。

レジャリは次のように詳述する。「拷問が始まるのは、国家の目的（威嚇、嘘の供述、情報）のために拘束された個人に対し、行政当局、私人、さらには、彼らを陰で補佐する拷問のプロが、強制的な尋問テクニックを利用するときからである。拷問には、必ず国民の信頼が利用あるいは濫用される[6]」。

したがって、国家の拷問となる尋問テクニックは、おもに五つの基準によって描き出せる。

1　個人を拘束すること。

2　国を代表する（あるいは国に委任された）権力機関が介入すること。

3　私的利益でなく社会的利益に資する目的が追求されること。

4　強制尋問テクニックが用いられること。
5　国の信頼が濫用されること。

このような基準に照らし合わせると、過激な心理的尋問テクニックは、肉体的暴力に劣らず拷問だと言える。心理的尋問は、殴る蹴る、電気ショック、ウォーターボーディングのように、被拘留者の身体に直接触れないとしても、これは被拘留者の心理を破壊しようとする行為であり、ある意味、肉体的な破壊よりも残酷である。

したがって、リチャード・ポスナーが語っているように、拷問を身体に触れる肉体的な表現行為に単純化し、身体に触れない行為はすべて拷問ではないとみなすのは容認できないし、そのような考えは認めるべきでない。[7]

拷問によって国の象徴的な基盤は崩れ去る

「国民の信頼の濫用」の基準もきわめて重要だ。これは国家の安全を確保するために国民が国の権力機関に委託した権限が、合法であろうがなかろうが、不当に利用されることを意味する。

国家は、拷問によって非合法領域に足を踏み入れるのでは必ずしもない。なぜなら、民主的な国家でさえ、拷問の利用を合法化するだろうからだ。国家が拷問を利用するのは、国民が国家に委任した強制権（マックス・ヴェーバーが言うところの、個人の暴力の連鎖を防ぐための合法的暴力の独占）の最も重要な合目的性に反する自己否定領域に国家を導くことである。なぜなら、国民はこの権力を国家に条件つきで委託したからだ。国家が、国民の身体の不可侵の尊重と、人間性の尊重という人間としてのアイデンティティを、国家の使用人によって侵害するのなら、国家は最後の一線を踏み越えてしまう。

国民あるいは外国人に行使される拷問は、権力だけでなく信頼の濫用なのだ。というのは、拷問は、国家の強制権を合法化するための基本原則に反するからだ。国民の基本的自由の保護は、誰であろうとも第一に、身体の不可侵であり、身体が弄ばれないことだ。人間の肉体と精神を決定するすべてを含む、狭義そして広義の意味における身体が侵害されるようなことがあってはならないのである。

すなわち、誰かを拘留したり、監禁したりするのは可能だが、暴力を振るったり、虐待するのはもちろん、相手の体に触れてはならないのである。

この原則はホッブズ以来、合法的な国家に関するわれわれの概念の核心である。実際に、自身も拷問に苦しんだアルゼンチンの精神分析医ミゲル・ベナサジャグが回想するように、この原則は、経験に基づくものでなく規範的なものだ。彼は次のように記している。「国家が捕虜の身体に触れたのなら、それは非合法だ」[8]。

一般的に、拷問人に秘密を守るように義務づけるそうした非合法性は、なぜ生じるのか。その理由は、国家は、ルソーが決定的な批判を行った、いわゆる「強者の権利」を法律に代えるために「強者の権利」を葬り去ったが、拷問を行う国家は、国民の人間関係を司る公平無私で象徴的な第三者という決定機関ではなくなるからだ。

ベナサジャグはさらに「肉体同士がぶつかり合えば、人間関係を規制して制限する第三者としての社会は消え失せ、その代わりに強者の権利に基づく社会しか生まれてこない」と記している[9]。

失われるのは、社会というよりも政治のほうだとすれば、次の考えを頭に入れておく必要がある。身体を人間の精神生理学的なアイデンティティという広義の意味で解釈すれば、身体を侵害する拷問は、自然状態への退行的回帰である。ピエール・ヴィダル＝ナケも次のように指摘する。「暴力が現われないにせよ、暴力が非常に柔軟に管理されているため犠牲者が暴力を自覚しないにせよ、国民と暴力の間で状況の背景をつくるのは、広義の意味での諸制度である」[10]。

このような見方に反論もあるだろう。なぜなら、拷問は、すべての場合ではないにしても、一般的に秘密裏に行われることがあっても、拷問人は国家のために働くのであって、通常、公務員であるからだ。

　現実には、拷問人は、職権に基づいてではなく、自分が不当に手に入れた権力を笠に着て自己の判断で行動するかのように振る舞う。たとえば、拷問人は次のような態度をとる。「ここには、法律もなければ、弁護士も裁判官もいない。俺とお前しかいない」。言い換えると、われわれ〔拷問人と被拘留者〕の間には、規制機関もなければ、国家もないということだ。

　ミゲル・ベナサジャグは、「舞台を吹き飛ばす拷問は、象徴性では演じられなくなる。拷問により、演説は対立せず、人間性の現実は破壊される。われわれの文明は集団的抑制の上に築かれているが、その集団的抑制が打ち破られる」[11]と記している。さらに、次のような正論を述べている。

> 　拷問では、象徴性のための場はなくなり、象徴性の場は、何者かによってとって代わられる。その結果、肉体は危険にさらされる。犠牲者は、他者と見なされなくなる。われわれは戦う者同士の関係、つまりフロイトの言う、文明のあらゆる可能性と対峙する強者の人間関係になる。こうして、拷問が派手な行為としてではなく、文明を根本から破壊する性質の問題であるのかがわかってくる。[12]

アメリカを始めとする拷問の反対者たちが、当然ながら常にもち出す論証は次のとおりだ。拷問を行う民主国家は、民主国家が基づく原則を否定する。さらに民主国家は、法治国家、すなわち、国民の人間関係、事実上は全人類の人間関係を、法律という象徴的な枠組みにおいて仲介する機関ではないと自己否定する（ここで言う法律は、絶対的な法である）。民主国家の規範的システムは人権に基づいているだけに、アメリカのように拷問を合法化する国家は語義矛盾を起こす。

では、自国民を拷問する体制と、「敵」とみなす外国人だけを拷問する体制を区分すべきなのか。というのは、民主国家では、拷問という制度的な暴力に服するのは基本的に外国人だからだ。たとえば、アメリカは、国際法の規則は外国人には適用されないと通知したではないか。

しかし、状況は何も変わらない。その第一の理由は、テロリストのネットワークとつながりがあると疑われる個人なら、自国民であっても拷問されるだろうからだ。その例証として、すでに述べたように、イギリスは外国の諜報局が自国民に強制的な尋問を行うのを黙認したことがあげられる。「蜂起鎮圧」の戦争あるいは「対テロ戦争」という最近の戦争形態では、「目に見えない敵」にはすべての個人が含まれる。自国民であっても同様だ。

理由はまだある。人権は、自国民と外国人、味方と敵を区別しない。人権は人間の尊厳の尊重という普遍的原則と同様に、この原則は国際的な人道法によって確立されているため、人類すべてに適用されるのだ。
民主的な社会では、どのような状況であれ、いかなる例外によっても、絶対的法律であることの原則を否定することは認められない。これは一九八四年に採択された国連の拷問等禁止条約によって再確認されている。

敵は「下等人間」なのだから、彼らの社会性が全否定されても構わない

拷問を行う国は、潜在的にこの暴力を、すべての人間に対して行使するようになるが、その際、この暴力は、自国の敵の人間性を否定することでしか行使できない。法律を葬り去り、身体を侵害する国家は、自国民であろうがなかろうが、人間関係の仲介機関としての役割を自ら否定する。

同様に国家は、一部の人々を十全たる人間でないとみなし、彼らを国の仲介機能から排除する。言い換えると、拷問の行使は、人間を非人間化するだけでなく、この非人間化では、人類から自国の敵を排除するイデオロギーに基づくシステムが、あらかじめ確立されていることが要求される。そうすれば、敵を「犬」（二〇〇三年八月に被拘留者から情報を引き出す方法を改善するためにイラクに派遣されたジェフリー・ミラー少将が、ジャニス・カルピンスキー准将に対して用いた表現）、

「ゴキブリ」、「下等人間」として扱える。

この論理に従うからこそ、大虐殺という絶対悪が実行できるのだ。アルメニア人、ヨーロッパのユダヤ人、カンボジア、ルワンダのツチ族など、二〇世紀に起こった大虐殺の根底にはこの論理があった。そして「人道に対する罪」を犯した他の紛争においても、この論理がみられる。

たとえば、一九九〇年代のアルジェリア政府軍司令官たちによる「汚い戦争」と呼ばれるアルジェリア内戦だ（大規模な拷問が行われた）。ルーニス・アゴンとジャン＝バプティスト・リヴォワールという二人のジャーナリストは、次のように記している。

「マシュやビジャールが隊長を務めたフランス軍パラシュート部隊が、アルジェリア人を人間ではなく、《子ネズミ》や《アラブ野郎》とみなし、アルジェリア人を躊躇することなく拷問したように、今度は、アルジェリア政府軍の殺戮隊長たちが、自分たちのイスラーム主義者の敵を《下等人間》（アルジェリア政府軍を支持する一部のインテリ層は、この言葉を堂々と使った）とみなすことによって、自分たちの罪を正当化した[13]」。

国の基礎をつくるのは象徴的な仲介機能だが、こうしたイデオロギーに基づくシステムでは、国家さえも否定される。（民主国家では、個人の基本的権利の尊重が義務づけられているとしても）この原則（基本的人権の尊重）は、民主国家だけで価値があるのではなく、すべての国家にとって必要不可欠なのだ。というのは、少なくとも形式的に法治国家でない国はないからだ。民主的な規範や機関とほとんど無縁な全体主義的な政治体制の国家でさえ、法律の遵守からは逃れられない。法律を遵守しない国はいずれ破滅するだろう。

規範的な司法システムは、究極の実定法主義から虚無主義にまで発展する可能性もあるが、独裁主義あるいは全体主義の体制における司法システムであっても「信条の理想」である法律の概念に依拠する。

法律の内容がどうであれ、絶対的な法律の概念そのものは、人間関係に行動の形式上の規則を打ち立て、暴力、とくに拷問が引き起こすこの身体と身体のぶつかり合いを消滅させることを前提にしている。身体と身体のぶつかり合いは、決闘でも対称的な関係でもなく、どのような方法を用いようが、ある身体がもう一方の身体を支配することであり、身体は奪われ、打ち捨てられ、最終的には人間性が否定される。

この点にこそ、社会性の究極の否定がある。つまり、「人間関係は、諸機関や規則によって保証される仲介の枠組みで築かれる」という考えが否定されるのだ。ところが国家は、諸機関や規則がなければ持続できないだけでなく、存在することさえできないのである。

結局のところ、これはカントの観点である。すなわち、人間関係を構築するものとしての法の基本的原則の尊重は、社会的つながり、より一般的には、人とのつながりを保つ条件である。

カント風に言えば、この無条件な尊重は「先験的なもの」であり、当然ながらそこからは、あらゆる形式の拷問はいかなる状況においても無条件に禁止されるべきだと推論できる。

強調すべきは、この概念は、経験主義的でも理想主義的でもないということだ。つまり、この概念は、道徳的本性と思われるものを実現するための理想的な制御機能を定義するのではなく、権力に従う国民同士のみならず、あらゆる人間関係を「人間的なものにする」ための道具が法律だとして、人間本来のつながりに関する可能性の条件を定義することなのだ。

この点について、ナチスの政治体制はヒトラーが宣言した「ユダヤ人問題の最終解決」を決して公表しなかったことがあげられる。ユダヤ人を根絶する計画は、ニュルンベルク法（一九三五年）の反ユダヤ条項〔ユダヤ人の公民権を剝奪〕をはるかに超える内容だった。

だからこそ、この計画の最大の目的が数百万人のユダヤ人の排除ではなく根絶であることを、国家は公式に認めることができなかったのだ。この計画が公表されたのなら、国家自身が国家でないと自己否定することになっただろう。公表すれば、人々の目には、国家は卑劣な殺人マシーンと映ったに違いない。

自己を断罪することとなし、そのような姿をさらけ出せる国家は存在しない。ヒトラーのナチス・ドイツと同様に、国家がこうした論理に従うのは、自己の崩壊を計画するようなものだろう。国家が拷問を制度的に行う場合も同様である。

社会全体を腐敗させる毒

暴力がいったん容認されると、いわゆる社会性の「副次的な諸形式[14]」は否定され、これが社会全体に広がり、すべてが許されるのでもなく君主の自由裁量でもない、共通の領域で暮らす保証が崩れ去る恐れがある。つまり、社会生活を営むための基盤になる契約（暗黙の契約あるいは文書化された契約）に対する個人の信頼は、個人が国民だろうが外国人だろうが危うくなる。

個人の信頼が失われると、社会は根底から崩壊し始め、必ず拷問が登場する。拷問により、社会全体は腐敗し、人々の安心感は損なわれる。安心感がなければ、社会性や政治の本質そのものの感覚は失われ、持続的な共同生活は営めない。

本来の政治的関係は、暴力、支配、カール・シュミットの主張する友か敵かの区別、人々の物質的生活を自由に操る国家の権力、さらに例外的状況だと宣言する国家の権利などとは異なる領域[15]において考察されなければならない。

より正しいのは、政治的関係を、支配や拘束と結びつけるのを断固拒否するハンナ・アーレントの概念である。「政治は人々がつながる領域において始まる[16]」のだ。人々が自由な意見交換を行える共通の領域をつくるという平和的形態は暴力と対立する。

したがって、暴力のあらゆる表現行為（当然ながら拷問も含む）は、政治的本性に属さないのである。暴力により、皆と一緒に暮らす条件は、蝕まれ、破壊される。よって、皆と一緒に暮らすのを根本的に否定するのは暴力なのだ。

では、政治が人々の間にもたらす仲介や制御の形式は、国民だけに限られ、外国人は排除されるのか。あるいは逆に、これらの形式は、国民であろうとなかろうと全員の人間関係を司るものなのか。

とくに第二次世界大戦後以降、国際人道法が制定されたのは、後者の概念に則したからなのは明白だ。国際人道法が制定されたおもな理由は、後者の概念が引き合いに出す法律の考えが、国内の単なる実定法を超えるからであり、後者の概念によって国民国家の統治という、従来の概念が疑問視されるようになったからだ。

万人の万人に対する闘争という自然状態とほとんど変わらない、いつ戦争になってもおかしくない国同士の関係という従来の概念ののちに、カントの「一般的に国の法律に従う人々の間での法律上のつながり」[17]という理想を実現する、平和で開かれた相互依存の人間的な政治共同体という概念が登場したのである。

そのような概念に基づき（この概念が実現されるのが、国民国家の枠組みであろうが、従来の政治共同体を超越する政治領域であろうが関係ない）、拷問は、いかなる場合であっても、完全に非合法な行為なのだ。

今日においても解決とは程遠いこうした複合的な問題について議論は尽きない。ところでひとつだけ確かなことがある。拷問を導入すると腐食的な力学が広がり、その破壊的な影響は、国家の本質だけでなく、社会全体を次第に蝕んでいく。そうした影響をいくつか紹介する。

拷問人というのは、命令系統から隔離された例外的な専門家集団である。彼らの上司たちは常に保身的だが、上司の判断から独立した最後の手段〔拷問〕を行う彼らは、罰を受けずに秘密裏に行動したいと願うため、いずれ合法的な権力に歯向かう（たとえば、一九六一年にアルジェリアで結成された秘密軍事組織）。

そうした彼らの行動は、無政府主義や蜂起に至る。さらに、彼らは拷問を自由に行うため、自分たちをも養成した軍隊の規律に倫理的な影響をおよぼす。こうして彼らは匿名の反乱集団と化し、この集団に属する個人の人格は破壊され、しだいに狂信的かつサディスティックになる[18]。

プルゼンシオ・ガルシア大佐も、次のように述べている。

「一部の者たちの精神を形成する倒錯したこの偏執的な概念を、どう理解すべきなのか。拷問や殺害に手を染めた者たちは、道徳的および職業的に堕落し始め、残忍かつ非合理になる。（……）このように軍人たちが粗暴で下劣になればなるほど、彼らの軍人としての能力は低下し（……）本当の戦場で本物の敵と戦う能力は低下する。つまり、高度に組織化され、命令に従う、本当に攻撃してくる軍隊と戦う能力が失われるのだ」[19]。

すでに述べたように、ダライアス・レジャリも、拷問を実行すると、職業的能力が失われると指摘している[20]。

独裁政権下のブラジルにおける拷問の研究によると、拷問を受ける者はもちろん、拷問人自身も拷問から精神面で破壊的な影響を受けるという。たとえば、家庭生活の崩壊、健康問題、鬱病、アルコール依存症、そして拷問人が違法に拷問を行ったとして被疑者となり、組織全体が責任逃れをした際などには、裏切られたという思いから自殺願望を抱く者もいるという[21]。

民事司法はその独立性が危ぶまれる。裁判官は、国家の最高権威を失脚させる判決を下すのを嫌がるか、例外的な状況を考慮する姿勢を示して判決を下せないと控えめに表明する。法医学関係者も、彼らの一部の者たちの信条である「ヒポクラテスの誓い」に背くため、彼ら全員は嫌悪され、社会的信用は失われる[22]。

一方、政府は、偽善的な沈黙と嘘の間で身動きがとれなくなる。いずれにしても、政府は、少なくとも冷笑的な非難からは逃れられず、最悪の場合では、国家的な犯罪への道を歩むことになる。

最後に、世論は沈黙するか無関心を装う。ピエール・ヴィダル゠ナケの表現を用いると[23]、世論は「聞こえないふり」をして、自分たちに責任がないと主張し、消極的な共犯者の態度をとる。堕落である。一般的に、堕落には、誰も直視したくない現実の否定、言い逃れ、沈黙、ダライアス・レジャリが「健忘症の構築」と呼ぶ記憶の削除[24]をともなう。

ピエール・ヴィダル゠ナケが一九六二年に提起した問題は、当時だけでなく今日にも当てはまる。

「リベラルな伝統をもつ国家の諸機関、軍隊、メディアは、拷問の実施、沈黙、そして西側諸国が人間の根本だと認める概念に疑いが生じる嘘が発覚すれば、数年のうちに腐敗するのではないか。過去の逸脱は水に流し、何事もなかったかのように元の道を再び歩むことはできないだろう[25]」。

対照的に、イスラエル最高裁判所は、社会全体、国家、そしてそれらの原則が腐敗するという恐れを感じたため、一九九九年に注目すべき勇気ある判断を下したのである。

安全神話

したがって、拷問の合法化が逆説的に証明するのは、われわれが拷問を禁じる法律を廃止すれば、国家は拷問によって必ず滅亡するということだ。

独裁主義または全体主義の体制における政治的あるいは行政的な拷問だとしても、それらの行為を理性化および正当化するには法律が必要だ。しかし、拷問が合法化されれば、社会的つながりが否定されるため、われわれは紛れもない不条理に直面する。それは拷問に対する道徳的な非難をはるかに超えるものだ。

拷問を合法化するのは、一部の尋問テクニックを認可するという積極的なやり方にせよ、それらを刑事罰の対象にしないという消極的なやり方にせよ、「凶悪事法〔一八九四年に可決されたアナーキスト処罰法〕」や「邪悪な法律」を可決する以上のことを意味する。

すなわち、拷問を合法化すれば、法律は社会のつながりの破壊要因になるのだ。つまり、国家が統治する社会に法律を敵対させることになる。それは政治的自殺行為以外の何物でもない。二〇〇一年九月一一日以降、ブッシュ政権の政策に関してアメリカへの批判が強まった。それらの批判は明らかにそうしたことを懸念していた。この破壊要因を導入する国家は、民主的な社会としての社会を破壊するだけでなく、市民社会としての社会を一気に破壊し[26]、制御機関としての国家そのものを国家自身で破壊する。

人々は、自分たち自身の安全さらには生活に不安と恐怖を抱く。そうした不安と恐怖が蔓延する世界が現実になって「自然状態」がフィクションでなくなる。

国家の最大の役割は個人を守ることだ。拷問を行う国家は、ホッブズの説く国家〔市民社会による国家〕ではなく、反ホッブズ国家だ。反ホッブズ国家と全体主義国家に共通するのが、

〔拷問を行うという〕この逆説的かつ特異な特徴である。

すなわち、拷問は、社会をうまく管理しようとして社会を痛めつけ、現実には、国家が消滅するまで社会を破壊する。本来なら法律によって不安感が蔓延することはありえないのだが、社会を破壊する法律が市民の安全を守るために施行されるのだ。

よって、拷問の場合、安全の合目的性は大いなる幻想だ。これは強調すべき重要な点である。拷問を支持する論証では、拷問は市民の生活を守るための手段だ、という前提がある（必要悪）。つまり、拷問には効力があり、好むと好まざるとにかかわらず、あなたの身は拷問によって守られるという示唆である。ところが、拷問が合法化されると、社会ではまったく逆のことが起こる。すなわち、社会全体に、服従、恐怖、不安がはびこる。ようするに、妄想が蔓延するのだ。

拷問人、尋問官、看守と同様に、被拘留者にも影響をおよぼすこうした社会性の崩壊は、尋問官トニー・ラグラノスがアブグレイブ刑務所での経験から語ったように[27]、最も憂慮すべき、最も困惑すべきことのひとつである。

哀れな貧者、嫌われ者、精神的な問題を抱える見捨てられた者など、テロリストたちのネットワークとは何のつながりもなく、運悪く柵の「反対側」に居合わせただけの何の罪もない多くの人々は、数カ月間にわたって独房に閉じ込められ、目のくらむ強烈な光を照射される。独房から出されるのは長時間にわたる尋問を受けるときだけだ。尋問では、彼らは何の価値もない情報を述べるしかないが、彼らは真実を述べていないと疑われる。アメリカ政府などで働く一部の「優秀な者たち」は、彼らが意識的にあるいは無意識に参加した蜂起計画のなぞ解きをするだろう。

しかし、こうした不条理な状況は尋問官にも影響をおよぼす。（少なくとも、ラグラノスの場合のように）非合法な現場で働き続けると、尋問官たちの人間性は蝕まれる。国家の制度として拷問を組織的に行うと、彼らの自律意識や個人的責任感は失われる。なぜなら、自己の個性を犠牲にすることが常に求められる拷問人は、自律意識や個人的責任感を育ませない環境で養成されるからだ。

人間の尊厳を破壊するこうしたあらゆる行為は、残虐であり、かつ容認できない。これらは、被害者のみならず執行人、さらには国家をも損なう壊疽のようなものだ。

すでに述べたが、きわめて重要なのでもう一度強調する。国家の拷問は、尋問テクニックに関することではなく、それは社会的制度なのだ。だからこそ、国家の拷問は、公的政策の結果であり、公的政策によって、手続きが決まり、規則が定められ、機関が設立され、専門家が養成される。拷問の専門家は、法学者、医師、科学者の協力を要請する。というのは、少なくとも民主的な社会では、拷問は、国民のコンセンサスを得て最も大切な原則を（少なくとも消極的に）放棄し、虚無主義的に否定することでしか実行できないからだ。

拷問を行う民主国家は、われわれの社会が歴史的および「精神的」に長くてつらい行程を経て築き上げた法的および道徳的な原則（この場合、道徳と法律は、本質的に不可分である）を侵害する。これを否定できるだろうか。

そして次のことも認めざるをえない。拷問が合法化されると、民主主義は自らの崩壊を招き、その本質が否定される。さらに深刻なことに（当然ではあるが）、拷問によって、国は自ら崩壊する領域をつくり出すことになる。われわれがこのような退行の道を歩んだことは、いかなる弁明によっても決して正当化できない。ところが、二〇〇一年九月一一日以降、アメリカの民主主義が歩んだのは、そうした道筋なのだ。将来、ヨーロッパの民主主義が似たような試練に直面すれば、われわれも同じぬかるんだ下り坂を歩むことになる。

拷問は、秘密裏に認められるにせよ、公的に認可されるにせよ、公的政策に基づいてしか実行できないため、拷問人という職務が制度化される。するとこの制度化により、常に拷問が実施されるようになる。それは、拷問の穏健な賛成派が必ず見逃す現実である。しかしながら、この論証は決定的である。

歴史を振り返れば、事態は必ずそのように推移してきたことがわかる。この点は、リベラルな民主主義だろうが独裁政権体制だろうが同じだ。

リベラルな民主主義がすべての点において独裁政権体制と同じだという意味ではない。そうではなく、拷問を行う社会に共通するのは、それが民主主義であろうがなかろうが、社会内部に根本から堕落させる毒が醸成され、それが社会制度全体に蔓延することだ。

たとえば、執行権は、拷問に関する決定や裁量の源泉になる。立法権は、（軍の総司令官の特殊権限によって）拷問を合法化したり問題にしなかったりする。司法権は、その番人の務めが例外的な判決によって制限されたり、国の最高責任者が起訴されるのを拒否したりする。軍隊の序列や価値観は、拷問という特別任務によって極度の混乱に陥る。そして世論が、拷問の犠牲者は一般法が適用されない「狂信的な敵」であり、安全と監視に関して適切な措置がとられたと納得するなら、大衆は無関心という共犯者になる。

ところで、民主国家と民主国家を攻撃する組織は、攻撃する組織が他国の支援を受けようが受けまいが、「目には目を」の際限のない復讐という、非道な論理に陥る。よって、それは法律と慣習で統制されてきた従来の戦争よりもはるかに残忍なものになる。

この世界的な犯罪を阻止するには、われわれの文明の本質と基盤をつくる制約原則を遵守することによって悪の応酬を拒絶するしかない。この原則により、われわれの文明は、脆弱になるどころか、存続が最も保証されるようになる。

過去にわれわれの社会が、人間の野蛮な表現行為のなかでも最悪なものを克服できたのは、この原則に忠実だったからなのを忘れてはいないか。過去の教訓は、今日においても価値がある。

われわれの原則と制度、ようするに、「人間らしく暮らせる」世界という理念に破壊的な影響をもたらす国家の行為は拷問をおいてほかにはない。だからこそ、われわれは拷問を認可することも正当化することもできないのだ。

訳者あとがき

本書は、フランスで出版された*Du bon usage de la torture: ou comment les démocraties justifient l'injustifiable*（La Découverte, 2008）の全訳である。原書のタイトルは、「拷問について考える――民主国家はやってはいけないことを、どう正当化するのか」という意味になる。著者ミシェル・テレスチェンコは、一九五六年ロンドン生まれのフランス人だ。ランス大学とエクス＝アン＝プロバンス政治学院において哲学の教鞭をとる。

訳者は本書を読み、ジョージ・オーウェルの名作『一九八四年』（高橋和久訳、早川書房、二〇〇九年）を思い出した。本書でも言及されているこの本は、現在、トランプ政権誕生によって再び世界的ベストセラーになっている。その理由は、二〇一七年一月二五日に放映されたアメリカＡＢＣニュースのインタビューで、トランプ大統領が次のように答えたからだ。

私はわが国の安全を願っている。拷問は間違いなく効果的だ。尋問の際に、ウォーターボーディングの利用を再検討すべきだ。なぜなら、テロリストらはわれわれと同じ土俵にいるわけではないからだ。イスラーム国の連中は、キリスト教徒だという理由だけで、アメリカ人や他の人々の首をはねている。これは中世以来の蛮行だ。われわれは毒をもって毒を制すべきなのだ。諜報機関の上層部も私と同じ意見だった。すなわち、拷問は有効な手段なのだ。

ウォーターボーディングは、溺死の恐怖を体験させる水責めの拷問であり、身体に傷跡が残らない。よって、アメリカ政府はオバマ大統領が禁止するまで、ウォーターボーディングを利用する強制尋問は拷問ではないと主張してきたのである。

トランプ大統領が公の場で拷問を効果的だと述べる理由は、被疑者を傷めつけて自白させることによって最大多数個人、つまり自分たちの幸福を実現するという功利主義に基づくのではなく、「やられたらやり返す」そして「敵か味方か」という単純な発想からだろう。本書のいう拷問の象徴的機能に効果を見出しているのだろうが、トランプ大統領の意図に反し、被拘留者が属する共同体（イスラーム圏）には怒りを、拷問人が属する共同体（アメリカを含む西側諸国）には恐怖をもたらすという正反対の影響が出ている。

ちなみに、トランプ大統領の考えでは、基本的人権は社会契約を遵守する者にしか適用されない。したがって、敵に法律を適用する必要はないのだ。これは本書が指摘するように、ジョン・ロールズの正義論の適用範囲の問題にもつながる。正義論のさまざまな概念については、『世界正義の時代』（マリー・ドゥリュ＝ベラ著、林昌宏訳、井上彰解題、吉田書店、二〇一七年）を参照してほしい。

こうした意味において、拷問に関するトランプ大統領と『一九八四年』の共通点が明らかになる。『一九八四年』の描く世界観も「敵か味方」である。『一九八四年』の主人公ウィンストン・スミスが拷問を受ける場面からは、「ビッグ・ブラザー」の拷問の目的は自白させることではないとわかる。肉体的および心理的な拷問を受け、完全に破壊されたスミスの自白はまったく意味をなさない。彼は、「命ぜられるがままに何でも言う口、何でも署名する手になった」のである。

たしかにかれらは彼の顔に平手打ちを加え、耳をひねり、髪の毛を引っ張る。片足で立たせ、排尿を許さず、涙が止まらなくなるほど目に強烈な光を当てる。しかしその目的はひたすら彼〔スミス〕に屈辱感を味わわせ、議論し推論する能力を破壊することなのだ。（……）彼が考えるのはただ一つ、かれらが自分に白状させたがっていることを察知し、察知したら新たな拷問の始まる前に素早く自白してしまうこと。（……）なりふり構わずあらゆることを告白し、あらゆる人間を連座させてしまうほうが楽なのだ。その上、ある意味では、それはすべてが真実だった。間違いなく彼は以前から党の敵だったのであり、党の目から見れば、思考と行為とのあいだに違いはないのだ。

本書にも登場する二〇〇〇年に起きたアメリカ駆逐艦コール爆破事件の首謀者とされるアブド・アルラヒム・アルナシリ被告は、睡眠を奪われる、ウォーターボーディング、金属性の小さな箱に数日間閉じ込められるなど、CIAの職員による過激な拷問を受け、『一九八四年』の主人公ウィンストン・スミスのように廃人同様になったという（二〇一七年三月二〇日付の『ニューヨーク・タイムズ』）。拷問から一〇年が経過しても、独房から出るのを嫌がり、水恐怖症になり、悪夢にうなされているという当局の報告書が明らかにされたのである。

本書の目的は、拷問が尋問手段として効果的でないことを証明するだけではない。オーウェル流に表現すれば、国家が拷問を利用すると、「過去をコントロールするものは未来をコントロールし、現在をコントロールするものは過去をコントロールする」という二重思考の社会、すなわちオーウェルが『一九八四年』で描く恐怖が蔓延する社会になるという警告である。

そうした意味で読者は、二〇一七年六月に日本で成立した「共謀罪」法を思い浮かべたのではないか。犯罪を計画段階から処罰できるこの法律の適用対象は、本書でいうところの「品行方正な一般人」ではないというが、法律定義の抽象度が高いため、権力側の運用次第では人権蹂躙が起きる恐れも考えられる。本書でいう多様な意見を交わす国民の自由は制限されるのではないか。

反対に、日本政府が説明するようにテロ対策に「共謀罪」法は必要であり、拷問の利用は現行の死刑制度のようにアラン・ダーショウィッツ方式によって管理できるという反論があるかもしれない。だが今後、日本社会は資産格差の拡大と移民の受け入れによって多様化、さらには分断化が進行する恐れがある。そうした社会においてとくに心配されるのは、少数派や弱者の基本的な権利の尊重である。

最後に、本書の出版を引き受けてくれた吉田書店の吉田真也氏に感謝したい。

林昌宏

二〇一八年四月七日

d'Algérie, La Découverte, Paris, 1991, p. 71.

24 Darius REJALI, *Torture and Democracy*, p. 540.

25 Pierre VIDAL-NAQUET, *La Torture dans la République* (1954-1962), p. 7 (cité pqr Edzy PLENEL, « La torture américaine et notre silence coupable », Marianne, 17-23 mai 2008).

26 市民社会のさまざまな概念およびその推移については、次を参照のこと。François RANGEON, « Société civile :histoire d'un mot », in Jacques CHEVALLIER (dir.), *La Société civile, PUF*, Paris, 1986, pp. 9-32. この著者が指摘するように、従来の意味での市民社会は、「人々の安全と幸福を約束するために人々だけによってつくられる集団」を意味する（13ページ）。バンジャマン・コンスタンなど、フランスの自由主義思想家が考える現代的な意味での市民社会は、国の権力の統治から逃れるべきである個人の自律と独立のための領域を意味する。

27 Tony LAGOURANIS et Allen MIKAELIAN, *Fear Up Harsh*.

10 Pierre VIDAL-NAQUET, *La Torture dans la République* (1954-1962) p. 135.
11 Miguel BENSAYAG, *Utopie et liberté*, p. 49.
12 *Ibid.*, p. 47.
13 Lounis AGGOUN et Jean-Baptiste RIVOIRE, *Françalgérie, Crimes et mensonges d'Etats,* La Découverte, Paris, 2004, p. 28.
14 社会性の第一形式は、友情や憐みなど、個人間の即時的な関係を意味する。副次的な形式は、社会的および政治的な仲介の枠組みにおいて行われる。
15 *Ibid.*, Carl SCHMITT, *La Notion de politique*, p. 64 et 88.
16 Miguel ABENSOUR (dir.), *Ontologie et politique.Actes du colloque Hannah Arendt*, Tierce, Paris, 1989, p. 33 (souligné par H. A.).
17 Emmanuel KANT, La Métaphysique des moeurs et le conflit des facultés, p. 629.
18 Darius REJALI, *Torture and Democracy*, p. 455.
19 Prudencio GARCIA, *El Drama de la autonomia militar*, p. 41.
20 Darius REJALI, *Torture and Democracy*, p. 456
21 Martha K. HUGGINS, Mika HARITOS-FATOUROS et Philip ZIMBARDO, *Violence workers*, pp. 215-221. 次も参照のこと。Horacio VERBITSKY, *El Vuelo. La guerre sale en Argentine, Dagorno*, Paris, 1996. この作品には、かなり例外的なインタビューが掲載されている。アルゼンチンのジャーナリストであるオラチオ・ヴェルビツキーが、アルゼンチン軍のアドルフォ・スチリンゴと対談している。彼は、「汚い戦争」（1976 ～ 83 年）の時代に軍の犯した犯罪に参加したときのことを包み隠さずに語っている。

たとえば、「国家転覆」を企んだと糾弾された男女を飛行機に乗せ、麻薬を飲ませたのち、上空から彼らを突き落すなどの蛮行に関与した。その後、スチリンゴは、当時は「正しい命令」に従ったのだと確信していたにもかかわらず、「完全に気が変になった」と語っている（155 ページ）。

彼によると、社会がこのような恐怖を乗り越える唯一の方法は、事実を否定する犯人を特赦するのではなく、軍全体が関与したいまわしい国家の政策について、議論されることもなく次々に遂行されていた事実を率直に認めて謝罪することだという。今日、アルゼンチン軍事政権下では、3 万人近くが抹殺されたと推定されている。

22 このような不安は、次の作品を参照のこと。Steven H.MILLES, *Oath Betrayed*《裏切られた思い》には、アメリカ軍がイラクなどで行った数々の拷問行為には、医師団も共謀したと告発されている。次も参照のこと。Valérie MARANGE (dir.), *Médecins tortionnaires, médecins résistants. Les professions de santé face aux violations des droits de l'homme*, La Découverte, Paris, 1989.
23 Benjamin STORA, *La Gangrène et l'Oubli. La mémoire de la guerre*

17 FEDERATION INTERNATIONALE DE L'ACAT, « Relativisation de l'interdit de la torture », 13 mai 2005, http://www.fiacat.org/relativisation-de-l-interdit-de-la-torture

18 Silke STUDZINSKY, « Jusqu'où ira l'antiterrorisme en Allemagne? », in Didier BIGO, Laurent BONELLI et Thomas DELTOMBE (dir.), *Au nom du 11 Septembre...Les démocraties à l'épreuve de l'antiterrorisme*, La Découverte, Paris, 2008.

19 FEDERATION INTERNATIONALE DE L'ACAT, « Relativisation de l'interdit de la torture ».

20 カール・シュミットについては、次を参照のこと。Julien FREUND à Carl SCHMITT, *La Notion de politique*, Flammarion, coll. « Champs », 1992, p. 25.

21 Carols GOMEZ-JARA, « Enemy combatants versus enemy criminal Law », *Buffalo Criminal Law Review*, 2008.

22 Roger PINTO, « L'application du principe de réciprocité et des réserves dans les conventions interétatiques concernant les droits de l'homme », in *Mélanges offerts à Georges Levasseur*, Litec, Paris, 1992, p. 83.

23 Avishai MARGALIT, *La Société décente*, Climats, Castelnau-le-Lez, 1999, p. 13.

24 Artur LONDON, *L'Aveu. Dans l'engrenage du procès de Prague*, Gallimard, coll. « Folio », Paris, 1968.

25 次も参照のこと。Karel BARTOSEK, *Les Aveux des archives*. Prague-Berlin-Prague, 1948-1968, Seuil, Paris, 1996.

26 Robert BADINTER, *Contre la peine de mort*, Fayard, Paris, 2006, p. 221.

【第10章】

1 Hermann MELVILLE, *Billy Budd, marin*, p. 121.

2 Heather MACDONALD, « How to interrogate terrorists », in Karen J. GREENBERG (dir.), *The Torture Debate in America*, p. 88.

3 *Ibid.*, p. 63.

4 Artur LONDON, *L'Aveu*, p. 149.

5 Darius REJALI, *Torture and Democracy*, p. 562

6 *Ibid.*, p. 559.

7 Richard A.POSNER, « Torture,terrorism and interrogation », p. 292.

8 Miguel BENASAYAG (avec collaboration de François GEZE), *Utopie et liberté. Les droits de l'homme: une idéologie?*, préface de Pierre Vidal-Naquet, La Découverte, Paris, 1986, p. 38.

9 *Ibid.*, pp. 42-43.

21 Prudencio GARCIA, *El Drama de la autonomia militar. Argentina bajo las juntas millitares*, Alianza Editorial, Madrid, 1995, p. 41.

22 Darius REJALI, *Tourture and Democracy*, p. 515.

23 Alfred McCOY, *A Question of Torture*, p. 199.

24 「戦争状態、戦争の脅威、内政の不安定又は他の公の緊急事態であるかどうかにかかわらず、いかなる例外的な事態も拷問を正当化する根拠として援用することはできない」。

25 Darius REJALI, *Tourture and Democracy*, p. 478.（強調は筆者による）。

26 *Ibid.*, p. 129.

【第 9 章】

1 フランス大統領は、国の一定の制度機能が中断した場合、第 16 条によって国のすべての権限を手中に収められる。この場合、フランス大統領は、本来であれば立法権に属する「決定」を下せる。

2 Chris MACKEY et Greg MILLER, *The Interrogators*, p. 30.

3 次を参照のこと。Richard A.POSNER, « The best offence ».

4 Tony LAGOURANIS et Allen MIKAELIAN, *Fear Up Harsh*, p. 127. この証言は、2004 年当時のものであり、アブグレイブ刑務所のスキャンダルは、アメリカ軍内ではすでに知れ渡っていたが、まだ公にはなっておらず、世界中に知れ渡る前の時期だった。言い換えると、指揮系統の修復、責任者に対する処罰、不名誉除隊を求めるタグバ少将の報告書（第 3 章を参照のこと）が発表された後も、被拘留者の虐待が続いていたのである。

5 *Ibid.*, p. 131.

6 *Ibid.*, p. 129.

7 「状況」に関するこの議論は、アルジェリアで将校だったポール・オサレスが指揮した部隊によって行われた拷問を正当化するために、彼の回顧録に繰り返し登場する。

8 イマヌエル・カント『カント全集〈13〉批判期論集』、岩波書店、2002 年

9 *Ibid.*, p. 435.

10 *Ibid.*

11 *Ibid.*, p. 436.

12 *Ibid.*, pp. 437-438.

13 *Ibid.*, p. 437.

14 *Ibid.*, p. 440.

15 Simone GOYARD-FABRE, *La Philosophie du droit de Kant*, Vrin, Paris, 1996, p. 8.

16 Ronald DWORKIN, *L'Empire du droit*, PUF, Paris, 1994, pp. 449-450.

一切拒否する勇敢な抵抗力を示し、最も容赦のない拷問人を落胆させたと語っている。アルジェリア戦争中、彼はフランス軍のパラシュート部隊に拷問された(La Question, Minuit, Paris, 1958)。

ジェームズ・B・ストックデールの証言も参考になる。アメリカ軍のパイロットだったストックデールは、ベトナム戦争中、7年間にわたってベトコンの牢屋に幽閉された。捕虜たちは一般的に団結しない。彼らはさまざまな拷問を受けるが、ストックデールのおかげで、彼らは意思疎通システムをつくり上げ、命令系統を確立した。だからこそ彼らは、自己の尊厳を維持できたのだ。そして、捕虜を心理的に「制御」しようとする看守たちの企みや、イデオロギーに服従させようとする彼らの企みを打ち砕き、道徳的異議を述べることができたのである。ストックデールの本には、並外れた深い倫理的考察が記してある。この本は、道徳に関する抽象的な概論をはるかに上回る価値がある。*A Vietnam Experience. Ten Years of Reflection*, Hoover Institution, Stanford, 1984.

6 Darius REJALI, *Tourture and Democracy*, p. 476.この説の裏づけは、*A Vietnam Experience*. pp. 29-30.

7 アリストテレス『弁論術』戸塚七郎訳、岩波文庫、1992年

8 同上

9 Dana PRIEST, « Al-Qaeda link recanted.Captured Libyan reverses previous statement to CIA, official say », *The Washington Post*, 1er août 2004 (cité par Trevor PAGLEN et Adam Clay THOMPSON, Kidnappés par la CIA, p. 24)

10 Darius REJALI, *Tourture and Democracy*, p. 468.

11 この点は、次を参照のこと。*Ibid.*, Chris MACKEY et Greg MILLER, *The Interrogators*.

12 Alfred McCOY, *A Question of Torture*, p. 196.

13 *Ibid.*, p. 197.

14 Françoise SIRONI, « Les mécanismes de la destruction de l'autre ». フランソワーズ・シローニは、とくに、アルジェリア戦争時のフランス軍の記録を調べた歴史家ラファエル・ブロンシュの研究に言及している。フランス軍は、「情報の信憑性を分類するシステム」を開発したという。このシステムでは、拷問によって得られた情報は「信憑性が最も乏しい」と分類されていた。

15 Stephen HOLMES, « Is defiance of law a proof of success? » (souligné par S. H.)

16 *Ibid.*, p. 132.

17 Roger TRINQUIER, *La Guerre modern*, p. 105.

18 *Ibid.*, p. 16.

19 *Ibid.*, p. X.

20 Pierre VIDAL-NAQUET, *La Torture dans la République* (1954-1962), p. 165.

27　ドストエフスキー『カラマーゾフの兄弟』原卓也訳、新潮文庫、上巻、618頁
28　ハーマン・メルヴィル『ビリー・バッド』飯野友幸訳、光文社古典新訳文庫、2012年
29　Steven H. MILES, *Oath Betrayed*, p. 12に指摘されていた（強調は筆者によるもの）。
30　似たような状況は、数多く挙げられる。たとえば、プリーモ・レーヴィの証言である。Primo LEVI, *Conversations et entretiens*, Robert Laffont. Paris, 1998, p. 87.
31　Bernad WILLIAMS, « A critique of utilitarianism », in John J. C. SMART et Bernard WILLIAMS (dir.), *Utilitarianism. For and Against*, Cambridge University Press, Cambridge, 1973 (cite par David LUBAN, « Liberalism, torture and the ticking bomb », p. 47)。
32　ハンナ・アーレント『人間の条件』志水速雄訳、筑摩書房、1994年
33　次を参照のこと。Roger TRINQUER, *La Guerre moderne*.
34　Marie-Monique ROBIN, *Escardrons de la mort, l'école française*, p. 125.
35　Paul AUSSARESSES, S*ervices spéciaux Algérie 1955-1957*, p. 31.
36　Hannah ARENDT, *Edifier un monde*, p. 136.
37　David LUBAN, « Liberalism, torture and the ticking bomb »
38　Martha K. HUGGINS, Mika HARITOS-FATOUROS et Philip ZIMBARDO, *Violence Workers, Police Torturers and Murders Reconstruct Brazilian Atrocities*, University of California Press, Berkeley/Los Angeles/Londres, 2002.
39　この重要な点ついては、次を参照のこと。Philip ZIMBARDO, *The Lucifer Effect*; *Ibid.*, Michel TERSTCHENKO, *Un si fragile venis d'humanité* chap. 3 à 6; Françoise SIRONI, *Bourreaux et victimes. Psychologie de la torture*, Odile Jacob, Paris, 1999, chap. 7.
40　David LUBAN, « Liberalism, torture and the ticking bomb », p. 49.

【第8章】

1　とくに次を参照のこと。Françoise SIRONI, *Bourreaux et victimes ; Psychopathologie des violences collectives.Essai de psychologie géopolitique clinique*, Odile Jacob, Paris, 2007.
2　Françoise SIRONI, « Les mécanismes de la destruction de l'autre », in Alain BRETHOZ et Gérard JORLAND (dir.), *L'Empathie*, Odile Jacob, Paris, 2004, p. 228.
3　Jean AMERY, *Par-delà le crime et le châtiment*, pp. 82-83.
4　Darius REJALI, *Tourture and Democracy*, p. 503.
5　アンリ・アレッグ〔アルジェリア系のジャーナリスト〕は、情報を漏らすのを

および国際的な法律面のさまざまな難題」を検証している（http://apps.law.georgetown.edu/curriculum/tab_courses.cfm?Status=Course&Detail=1534）。

15　Colin FREZE, « What would Jack Bauer do? Canadian jurist prompts international justice panel to debate TV drama 24's use of tortur », http://www.theglobeandmail.com/,16 juin 2007(cité par Christian SALMON, Storytelling. *La machine à fabriquer des histoires et à formater les esprits*, La Découverte, Paris, 2007, p. 169).　2008 年 6 月、アメリカ最高裁判所では、2006 年 9 月の軍事委員会法の条項を批判する意見が大半を占めたが、スカリア裁判官は反論した。

16　Stephen HOLMES, « Is defiance of law a proof of sucess? Magical thinking in the war on terror? », in Karen J. GREENBERG (dir.), *The Torture Debate in America*, p. 128.

17　教会の概念に関する概略は、次を参照のこと。Aberto BONDOLFI, « La pensée et la pratique chrétiennes face à la torture: éléments pour un bilan critique », *Revue d'éthique et de théologie morale*, n°248, Cerf, Paris, mars 2008, pp. 9-21.

18　John LANGBEN, « The legal history of torture », in Sanford LEVINSON (dir.), *Torture.A Collection*, p. 101.

19　Robert BRECHER, *Torture and the Ticking Bomb*, p. 9.

20　Darius REJALI, *Torture and Democracy*, p. 517.

21　時限爆弾が仕掛けられたというのに近い唯一のケースは、2003 年のナジム・ザータリの一件である。エルサレムの住民ザータリは、ハーマスのためにテロ行為の標的を見つけ、爆弾の運搬人を匿い、彼らを犯行現場まで誘導した。2005 年、法務大臣は、批判の声を黙らせるためにこの一件を繰り返し言及した。しかし、「イスラエルの歴史において、それまで似たようなケースの記録はまったくなく、それ以降も新たなケースは報告されていない」（Darius REJALI, *Torture and Democracy*, p. 517）。ザータリが提供した情報は、誘導尋問あるいは拷問によるものだっただけでなく、このケースは、時限爆弾が仕掛けられたというシナリオとはあまり似通っていない。というのは、襲撃の差し迫った条件が整っていないからだ（次の新聞記事から情報を得た。Joseph LELYVED, « Interrogationg ourselves », *The New York Times*, 12 juin 2005）。

22　David LUBAN, « Liberalism,torture and the ticking bomb », p. 45.

23　Christian SALMON, *Storytelling*.

24　Alan DERSHOWITZ, *Why Terrorism Works*, p. 132.

25　このジレンマに対するさまざまな回答の紹介は、次を参照のこと。Sacha GIRONDE, *La Neuroéconomie*, Plon, Paris, 2008, pp. 151-155.

26　次を参照のこと。Martin COHEN, *Wittgenstein's Beetle and Other Classic Thought Experiment*, Blackwell. Londres, 2005.

candeur américaine », juin 2004, http://www.bernardgirard.com/Torture.pdf

2 アルフレッド・マッコイがこのケースを分析している。彼によると、「時限爆弾が仕掛けられた」という仮説に基づく拷問の利用は、欺瞞あるいは無知によるものだという。Alfred W. McCOY, *A Question of Torture*, pp. 100-112. 同様に次も参照のこと。Darius REJALI, *Torture and Democracy*, pp. 507-508.

3 Robert BRECHER, *Torture and the Tcking Bomb*, p. 26.

4 *Ibid.*

5 *Ibid.*, p. 29（強調部分は著者によるもの）

6 アウグスティヌス『神の国』第 14 巻（Thierry GONTIER の次の著作に言及されていた。De l'homme à l'animal. Montaigne, Descartes ou les paradoxes de la philosophie moderne sur la nature des animaux, Vrin, 2000, p. 135）モンテーニュ学派における司法による拷問に対する曖昧な非難について Thierry GONTIER の分析も参照のこと（« De la conscience », Essais, II, V）。そのなかで彼は次のように述べている。「肉体に苦痛を課すのは、罪状が明らかになる前に、すでにその人物を罰することである」（同上、p. 137）。

7 *Final Report of the independent Panel To Review. DoD Detention Operations*, August 2004.

8 David LUBAN, « Liberalism, torture and the ticking bomb » において引用されていた。

9 Tony LAGOURANIS et Allen MIKAELIAN, *Fear Up Harsh*. An Army Interrogator's Dark Journey through Iraq, NAL Caliber, New York, 2007, p. 80.

10 次を参照のこと。Steven H. MILLES, Oath Betrayed. *Torture, Medical Complicity and the War on Terror*. Random House, New York, 2006, pp. 7-10.

11 Isabelle DUREIZ, « Quand 24 heures chrono donne des cours de torture », *Libération*, 20 février 2007.

12 『24』の製作者であるジョエル・サーノウは、自分の拷問に対する見方を必死になって擁護している。2007 年 2 月に雑誌『ザ・ニューヨーカー』において、「そのように行動するのは当然じゃないか。もし、ニューヨークかどこかの都市で、核爆弾が今にも爆発そうだったのなら、たとえあなたが監獄行きになろうとも、拷問は行なうべき最善の行為だろう」。（Jane MAYER, « Whatever it takes.The politics of the man behind "24" », *The New Yorker*, 19 février 2007）.

13 Mireille DELAMARRE, « Sur Fox TV, la torture comme divertissement », 25 février 2007, http://www.planetenonviolence.org/

14 実際に、ジョージタウン大学の法科大学院では、実際に「テレビドラマ『24』の法」という授業がある。アメリカ国防総省のウォルター・シャープ司令官による授業では、「テロに対し、功利的でときには気が滅入るような対応を迫られる状況において、『24』のストーリーをしばしば引合いに出し、テロ対策に関する国内

市民であろうがなかろうが、彼らは該当しない。いずれにせよ、テロリストの人権には、「道徳的」および政治的なある種の制限を課さなければならない。第二次世界大戦中の太平洋戦争の残虐さを目の当たりにしたジョン・ロールズ自身の考えは、こうしたものだったと考えられる。しかし、そうした人権の制限は、彼の正義論と内在的に結び付いているのではない。ロールズは次のように記した。「公の秩序と治安を維持するための政府の権限は、権力を与える権限（たとえば、思想の自由を制限すること）である。政府は、政府が考える利益を追求したり、義務を遂行したりする際に必要になる公正な条件を遵守させる義務を果たさなければならない。その際に、政府には権限が必要になる」（『正義論』）。同様に、彼の「場合によっては」奴隷は正当化できるという奇妙な論理を参照してほしい（前掲書）。ロールズの論理システムと拷問の原則との関係を示唆する、ロールズの記述を紹介してくれたフィリップ・シャニアルに感謝申し上げる。

【第 6 章】

1　マイケル・イグナティエフ『許される悪はあるのか？——テロの時代の政治と倫理』

2　たとえば、2004 年 5 月にアメリカ連邦議会の委員会に召集されたドナルド・ラムズフェルドは、アブグレイブ刑務所での非拘留者に対する非人道的扱いについて説明する際に、虚偽の証言を行った（http://www.youtube.com/watch?v=uBeSyw_HmA8）。

3　Hannah ARENDT, *Édifier un monde.*

4　*Ibid.*, p. 68.

5　マイケル・イグナティエフ『許される悪はあるのか？——テロの時代の政治と倫理』

6　Richard A. POSNER, *Economic Analysis of Law*, Brown, Boston, 1972.　彼の考えを明確に示すものとしては、次を参照のこと。Sophie HARNAY et Alain MARCIANO, *Posner, l'analyse économique du droit*, Michalon, Paris, 2003.

7　Richard A. POSNER, « Torture, terrorism and interrogation », in Sanford LEVINSON (dir.), *Torture. A Collection*, p. 293.

8　*Ibid.*, pp. 296-297.

9　Richard A. POSNER, « The best offence », *The New Republic*, 2 septembre 2002.

10　イマヌエル・カント『人倫の形而上学』樽井正義、池尾恭一訳『カント全集』第 11 巻、岩波書店、2002 年

【第 7 章】

1　次の記事を参照のこと。Bernard GIRARD, « Torture en Irak: l'inquiétante

土社、2003年

15 Slavoj ZIZEK, « Knight of the living dead », *New York Times*, 24 mars 2007 (traduction française: « Normaliser la torture,briser l'ehtique », http://urlm.co/www.neolacanien.blogspot.com/2007/06/normaliser-la-torture-briser-Ithique.html

【第5章】

1 Michael WALZER, « Political action: the problem of dirty hands », *Philosophy and Public Affaires*, vol. 2, n°, hiver 1973 (republié in Sanford LEVINSON [dir.], *Torture. A Collection*, Oxford University Press, New York, 2004, 2004, p. 64)

2 Alain M.DERSHOWITZ, « Tortured reasoning », in Sanford LEVINSON (dir.), p. 264

3 *Ibid.*

4 Robert BRECHER, *Torture and the Ticking Bomb*, Blackwell, Londres, 2007, pp. 45-47.

5 Alain M.DERSHOWITZ, *Why Terrorism Works*, p. 133.

6 Alain M.DERSHOWITZ, « Tortured reasoning », p. 272.

7 マックス・ヴェーバー『職業としての政治』脇圭平訳、岩波書店、1980年

8 *Ibid.*

9 Hannah ARENDT, *Edifier un monde. Interventions 1971-1975*, Seuil Paris, 2007, p. 103.

10 Bernard BEIGNER, « Existe-t-il un droit à la mort? », *Le Monde*, 26 mars 2008.

11 Henry SHUE, « Torture », in Sanford LEVINSON (dir.), *Torture.A Collection*, p. 58.

12 Pierre-Emmanuel DAUZAT, *Judas. De l'Evangile à l'Holocauste*, Bayard, Paris, 2006, p. 126　次も参照のこと。Olivier LUTAUD, *Des révolutions d'Angleterre à la Révolution française. Le tyrannicide et « Killing no murder »*, Martinus Nijhoff, La Haye, 1973.

13 David LUBAN, « Liberalism, torture and the ticking bomb », p. 65.

14 ジョン・ロールズ『正義論』矢島鈞次監訳、紀伊国屋書店、1979年

15 ジョン・ロールズ『公正としての正義』田中成明訳、木鐸社、1979年。ジョン・ロールズが拷問に対してこうした推論を行ったわけではまったくない。だが、この推論は彼の論理システムに刻み込まれている。「協力にたずさわる人々や、認知されたルールに従って自分たちの任務を果たす人々」に対してしか、基本的な法律と義務によって定義され、それらに基づく自由で公平な個人間での公正な協力に関するルールは適用されない。したがって、テロリストが民主国家の

36 « Ex-CIA agent: waterboarding “saved lives” », CNN, 11 décembre 2007.

37 *Le Monde*, 11 mars 2008.

【第 4 章】

1 緊急避難は、自分、他者、さらには財物を脅かす、現在のおよび切迫した危険から逃れるために違反を犯すことをいう（フランス刑法 122 条の 7)。

2 Jean-Marie LE PEN, interview au quotidian Combat, 9 novembre (cité in Les Dossiers du Cqnqrd enchaîné, n°45, octobre 1992; et dans l'article de la section de Toulon de la Ligue française des droits de l'homme: « il faut que les Français sachent qui est Le Pen,cet homme qui a la prétention de diriger notre pays », 13 avril 2007, http://www.ldh-toulon.net/spip.php?article1997 La LDH de Toulon は次のように述べている。「《このルペンの》インタビュー以降、ルペンは、少尉だった彼がアルジェリアで用いた《強制的な尋問テクニック》に《拷問という言葉》は適当ではないと主張している。だが彼は、場合によって拷問は必要だという意見を変えたわけではない」。

3 1948 年の世界人権宣言の第 3 条。「すべての人は、生命、自由及び身体の安全に対する権利を有する」。

4 世界人権宣言の第 5 条。「何人も、拷問または残虐な、非人道的なもしくは屈辱的な取扱もしくは刑罰を受けることはない」。

5 アメリカでは、自由主義は保守主義と対立する。フランスでは、自由主義者は政治的右派だが、アメリカでは政治的左派である。

6 *Ibid.*, David LUBAN, « Liberalism,torture and the ticking bomb », p. 43.

7 ジェレミ・ベンサム『統治論断片』。ベンサム（1748 年～ 1832 年）は、道徳的功利主義者という哲学を理論化した最初の人物である。

8 拷問の歴史については、次を参照のこと。Alec MELLOR. *La Torture.son histoire,son abolition,sa réapparition au xxe siècle*. Mame, Paris, 1961. L'ouvrage est certes daté, mais il apporte nombre d'informations intéressantes.

9 John H. LANGBEIN, *Torture and the Law of Proof. Europe and England in the Ancient Regime*, The University of Chicago Press, Chicago, 1976.

10 Alan M.DERSHOWITZ, *Why Terrorism Works*, p. 136.

11 *Ibid.*, p. 137

12 ジャン＝ジャック・ルソーは、「本当の寛容なる精神は、罪を黙認しない。そうした精神は、人間を邪悪にするいかなるドグマも黙認しない」と述べている。『山からの手紙』

13 « The depraved heroes of 24 are the Himmlers of Hollywood », *The Guardian*, 10 janvier 2006.

14 スラヴォイ・ジジェク『「テロル」と戦争――“現実界”の砂漠へようこそ』青

25　アブグレイブ刑務所内の驚くべき実態については、次を参照のこと。Philip ZIMBARDO, *The Lucifer Effect. How Good People Turn Evil*, Ryder, Londres, 2007, p. 332 et sq.

26　Janis KARPINSKI, *One's Woman Army*. p. 211.

27　2007年10月、フランスに滞在中だった元国防長官ドナルド・ラムズフェルドは、拷問を是認した容疑により、パリ大審裁判所に告訴された。ジャニス・カルピンスキーは、「国際人権連盟（FIDH）」、「憲法で約束された人権擁護のためのヨーロッパ・センター（ECCHR）」、「憲法上の権利のためのセンター」、「市民人権擁護フランス同盟」の活動に加わり、裁判官に証言した。ラムズフェルドは、2004年にドイツで、2005年にアルゼンチンで、2007年にスウェーデンで告訴された。それらの詳細は、次を参照のこと。FIDH, « Une plainte pour torture déposée en France contre Rumshfeld », 26 octobre 2007, www.fidh.org/spip.php?article4829

28　アブグレイブ刑務所における社会心理学的な考察については、次を参照のこと。Michel TERETCHENKO, *Un si fragile vernis d'humanité. Banalitédu mal,banalité du bien,* La Découverte; Paris; 2005 (rééd.en poche, 2007), chap. 6; et Philip ZIMBARDO *The Lucifer Effect.*

29　Alfred W. McCoy, *A Question of Torture*, p. 146.

30　この映画は、2008年にベルリン国際映画祭で銀熊賞を獲得した。
www.errolmorris.com

31　次を参照のこと。www.salon.com/ent/movies/btm/feature/2008/04/25/morris/?source=new-sletter
エロール・モリスとアブグレイブ刑務所の看守たちとの会談から抜粋。Philip GOUREVITCH et Errol MORRIS, *Standard Operating Procedure. Inside Abu Ghraib*, Penguin, New York, 2008.

32　Seymour M. HERSH, *Chain of Command*, p. 71

33　*Ibid*., p. 67.

34　Terry FRIEDEN, « CIA chief names 3 subjected to waterboarding », CNN, 5 février 2008, http://edition.cnn.com/2008/US/02/05/terror.threat/

35　ABCニュースの記者とのインタビューを参照のこと。« CIA man defends "water-boarding" », 13 décembre 2007, http://news.bbc.co.uk/2/hi/americas/7137750.stm　ブッシュ大統領をはじめ、アメリカ当局は、ウォーターボーディングの実施を一貫して否定してきた。http://www.youtube.com/watch?v=Mp4vLBvU1bA（2006年のビデオでは、ジョージ・ブッシュは、「われわれは、あなた方とあなた方の家族を守るために、必要なことをきちんと行なっている」と繰り返し述べるだけで、ウォーターボーディングに関する質問に答えるのを拒否している。

by Pakistan », *The Washington Post*, 27 décember 2004 (Trevor PAGLEN et Adam Clay THOMPSON, *Kidnappés par la CIA*, p. 24).

13 AMNESTY INTERNATIONAL, « Les vols secrets de la CIA », http://www.amnesty.ch/fr/themes/les-abus-de%20-la%20abgueere-contre-le%20terrorismebb/les-vols-secrtes-de-la-cia

14 http://www.cooperativeresearch.org/entity.jsp?entity=muhammad_saad_iqbal_madni

15 Kamran KHAN et Peter FINN, « U.S.behind secret transfer of terror suspect», *The Washington Post*, 11 mars 2002 (Trevor PAGLEN et Adam Clay THOMPSON, *Kidnappés par CIA*, p. 25).

16 Janet MAYER, « Outsourcing torture.The secret history of America's extraordinary rendition program », *The New Yorker*, 14 février 2005 (Trevor PAGLEN et Adam Clay THOMPSON, *Kidnappés par CIA*, p. 35). 次も参照のこと。Alfred W. McCoy, *A Question of Torture*, p. 118.

17 AMNESTY INTERNATIONAL, Etats-Unis/Jordanie/Yémen. Centres de détention secrets,4 août 2005, http://www.amnesty.org/fr/library/info/AMR51/112/2005fr たとえば、次を参照のこと。http://www.humanrightsfirst.org/blog/tourture/2007/05/george-tenent-says.html

18 ノーム・チョムスキー『現代世界で起こったこと　ノーム・チョムスキーとの対話』田中美佳子訳、日経 BP 社、2008 年

19 Ian COBAIN, « M15 accused of colluding in torture of terrorists suspects », *The Guardian*, 29 avril 2008. 次も参照のこと。« Les services secrets britanniques accusés de torture », *Le Monde*, 29 avril 2008.

20 グアンタナモ湾収容キャンプにおけるアメリカ軍の虐待については、次を参照のこと。Philippe BOLOPION, *Guantanamo. Le bagne du bout du monde, La Découverte*, Paris, 2004, en particulier le chapitre 5, « La tentation de la torture »; グアンタナモ湾収容キャンプに2002年1月から2004年7月まで拘留されたMourad BENCHELLALIの手記も参照のこと。Mourad BENCHELLALI, *Voyage ver l'enfer*, Robert Laffont, Paris, 2006.これらの資料には、本書で述べた残虐かつ屈辱的な行為が描写されている。

21 Alfred W. McCoy, *A Question of Torture*, p. 135.

22 *Ibid.*, p. 136.

23 http://news.findlaw.com/hdocs/docs/iraq/tagubarpt.html

24 次を参照のこと。Frédéric JOIGNOT, « L'ex-commandante d'Abou Ghraib se rebiffe », *Le Monde 2*, n° 205, 19-25 janvier 2008; et Janis KARPINSKI (avec Steve STRASSER), *One's Woman Army. The Commanding General of Abu Ghraib Tells Her Story*, Mramax Books, Hyperion, New York, 2005.

28 David LUBAN, « Liberalism, torture and the ticking bomb », pp. 70-71.

29 « Judgment concerning the legality of the General Security Service's interrogation methods (September, 6, 1999) » in Sanford LEVINSON (dir.), *Torture, A Collection*, Oxford University Press, New York, 2004, pp. 165-181.

30 1997年2月の国連の拷問撲滅委員会の報告書は、イスラエルの事例について述べている。www.unhchr.ch/tbs/doc.nsf/(Symbol)/CAT.C.33.Add.2.Rev.1.Fr?OpenDocument

31 たとえば、次を参照のこと。http://toulouse.indymedia.org/article.php3?id_article=19506

32 Darius REJALI, *Torture and Democracy*, p. 516. また2001年に、パレスチナ人のムサは、78日間にわたってイスラエル軍の尋問を受けた。このときの拷問に関する彼の証言も参照のこと。『イスラエルでは、拷問は当たり前』、2007年12月15日 www.newsoftomorrow.org/spip.php?article2857, www.ism-france.org/news/article.php?id=2221&type=analyse&lesujet=Torture、また、パレスチナの非政府組織である国際連帯運動（ISM）のサイトも参照のこと。http://www.ism-france.org/

33 Pierre VIDAL-NAQUET, *La Torture dans la République* (1954-1962), p. 119.

【第3章】

1 Jesse GLENN GRAY, *The Warriors. Reflections on Men in Battle*, University of Nebraska Press, Lincoln, 1998.

2 Alfred W. McCOY, *A Question of Torture*, p. 124.

3 Trevor PAGLEN et Adam Clay THOMPSON, *Kidnappés par la CIA*.

4 次を参照のこと。Seymour M. HERSH, *Chain of Command, The Road from 9/11 to Abu Ghraib*, Harper Perennial, New York, 2005, p. 51.

5 この部分については、Trevor PAGLEN et Adam Clay THOMPSON, *Kidnappés par la CIA*, pp. 17-22を参照した。

6 *Ibid.*, p. 19.

7 *Ibid.*

8 *Ibid.*, p. 22.

9 次を参照のこと。www.defenselink.mil/news/Nov2005/d20051104muhammad.pdf

10 ane MAYER, « The black sites. A rare look inside the C. I. A.'s secret interrogation program », *The New Yorker*, 13 août 2007.

11 次を参照のこと。http://www.youtube.com/watch?hl=en-GB&gl=GB&v=TEbquHRbySU

12 Kamran KHAN et Rajv CHANDRESEKARAN, « Cole suspect turned over

8　*Ibid.*, p. 104.

9　Pascal, « Sixème lettre écrite à un Provincial », *Les Provinciales*, Lafuma/Seuil, Paris, 1963, p. 392.

10　Karen J. GRENBERG et Joshua L. DATEL, *The Torture Paper, The Road to Abu Ghraib*, Cambridge University Press, Cambridge, 2005, p. 50.

11　*Ibid.*, p. 89.

12　マイケル・イグナティエフ『許される悪はあるのか？――テロの時代の政治と倫理』

13　Karen J. GREENBERG et Joshua L. DATEL, *The Torture Paper*, p. 91

14　*Ibid.*, p. 95.

15　David D. CARON, « If afganistan has failed, then afghanistan is dead », in Karen J. GREENBERG (dir.), *The Torture Debate in America*, Cambridge University Press, Cambridge, 2006, pp. 214-220.

16　*in* Karen J. GREENBERG (dir.), *The Torture Debate in America*, pp. 284-285, pp. 298-299.

17　Roger TRINQUIER, *La Guerre moderne*, p. 15.

18　Marie-Monique ROBIN, *Escardron de la mort, l'école française*. p. 123.

19　Leila Nadya SADAT, « International legal issues surrounding the mistreatment of Iraqi detainees by American forces », *ASIL Insights*, mai 2004.

20　Karen J. GREENBERG et Joshua L. DATEL, *The Torture Paper*, pp. 174-175 を参照のこと。

21　*Ibid.*, p. 175.

22　David LUBAN, « Liberalism.torture and the ticking bomb », *in* Karen J. GREENBERG (dir.), *The Torture Debate in America* p. 60.

23　詳しくは次を参照のこと。Nada MOURTADA, « Les tribunaux militaire aux Etats-Unis », Annuaire français des relations internationales, 2003, pp. 116-147, http://www.diplomatie.gouv.fr/fr/IMG/pdf/FD001271

24　人身保護令状とは、拘束された人物が不当に身柄を拘束されたのではないかを審査し、不当な拘束であれば、その人物の自由を回復する英米法の法手続き。

25　次を参照のこと。« The facts about the Military Commision Act (Torture Law)», Revolution, n°64, 8octobre 2006 http://www.revcom.us/a/064/torturelaw-en.html　2008年2月1日にコロンビア特別区連邦巡回控訴院は、この条項に異議を述べた。http://edition.cnn.com/2008/US/02/01/guantanamo.detainee. access/index.html

26　次を参照のこと。Corey ROBIN, *La peur, histoire d'une idée politique*, Armand Colin, Paris, 2006.

27　Darius REJALI, *Torture and Democracy*, p. 562.

15 *Ibid.*

16 Mark MOYAR, *Phoenix and the Birds of Prey.* The CIA's Secret Campaign to Destroy the Viet Cong, Naval Institute Press,Annapolis, 1997 (et Bison Books, 2008); Frank SNEPP, *Decent Interval. The American Debacle in Vietnan and the Fall of Saigon*, Allen Lane, Londres, 1980.次も参照のこと。Alfred W. McCOY, *A Question of Torture, op. cit.*, pp. 64-71 ; et Marie-Monique ROBIN, *Escadrons de la mort,l'école française, op. cit.*, pp. 253-256.

17 Roger TRINQUIER, La Guerre modern, La Table ronde, Paris, 1961 (nouvelle édition: Economica, Paris, 2008). それらの理論に関する詳細な歴史的検証については、次を参照のこと。Marie-Catherine et Paul VILLATOUX, *La République et son armée face au « péril subversif »*, Indes savantes, Paris, 2006.

18 Marie-Monique ROBIN, Escardron de la mort, l'école française, op. cit., p. 244. オサレス准将のアメリカでの教官としての体験に関する彼自身の証言も参照のこと（Paul AUSSARESSES, *Je n'ai pas tout dit. Ultimes révélations au service de la France.Entretiens avec Jean-Charles Deniau*, Le Rocher, Paris, 2008, pp. 115-139）。

19 Marie-Monique ROBIN, Escardron de la mort, l'école française, p. 254.

20 Alfred W. McCOY, *A Question of Torture*, p. 87.

21 http://www2.gwu.edu/~nsarchiv/NSAEBB/NSAEBB27/02-01.htm

22 Alfred W. McCOY, *A Question of Torture*, pp. 89-91.

23 *Ibid.*, p. 91.

24 Trevor PAGLEN et Adam Clay THOMPSON, *Torture Taxi. On the Trail of the CIA's Rendition Flights*, Melville House, Hoboken, 2006 (traduction française: *Kidnappés par la CIA. Les charters de la torture*, Saint-Simon, Paris, 2007).

【第 2 章】

1 *Le Monde*, 14 juin 2008.

2 Alfred W. McCOY, *A Question of Torture*, p. 100.

3 *Ibid.*, p. 102.

4 次を参照のこと。Jacques DEWITTE, *Le Pouvoir de la langue et la liberté de l'esprit. Essai sur la résistance au langage totalitaire*, Michalon, Paris, 2007 (en particulier, pp. 56-78).

5 Pierre VIDAL-NAQUET, *La Torture dans la République* (1954-1962), Minuit, Paris, 1972 (rééd.,1998), p. 160.

6 Darius REJALI, *Torture and Democracy.*

7 Alfred W. McCOY, *A Question of Torture.*

注

【序】

1　Alan M.Dershowitz, *Why Terrorism Works. Understanding the Threat, Responding to the Challenge*, Yale University Press, New Haven, 2002.

2　マイケル・イグナティエフ『許される悪はあるのか？――テロの時代の政治と倫理』添谷育志、金田耕一訳、風行社、2011 年

【第 1 章】

1　Marie-Monique ROBIN, *Escadrons de la mort, l'école française, La Découverte*, Paris, 2004 (rééd.en poche: La Découvertes, Paris, 2008). En particulier, chapitre 16: «La doctrine française est exportée aux Etats-Unis».

2　とくに次を参照のこと。Paul AUSSARESSES, *Services spéciaux. Algérie 1955-1957*, Perin, Paris, 2001（マシュが犯した多くの間違いのなかでも、拷問という言葉を使うのを恐れず、パラシュート部隊が行っていたことを認めたのは、誤りだった。P.165）. 次も参照のこと。Darius REJALI, *Torture and Democracy*, Princeton University Press,Oxford, 2007.

3　次を参照のこと。Chris MACKEY et Greg MILLER, *The Interrogators. Task Force 500 and America's Secret war against Al-Qaeda*, Back Bay Books, New York, 2005.

4　Alfred W. McCOY, *A Question of Torture. CIA Interrogation from the Cold war to the War on Terror*, Metropolitan Books, New York, 2006.

5　詳しくは、次を参照のこと。Gordon THOMAS, *Enquête sur les manipulations mentales. Les méthodes de la CIA et des terroristes*, Albin Michel, Paris, 1989.

6　Alfred W. McCOY, *A Question of Torture*. p. 33.

7　*Ibid.*, p. 51. 次のアドレスで閲覧可能。www.gwu.edu/~nsarchiv/NSAEBB / NSAEBB27/01-01.htm

8　*Kubark Counterintelligence Interrogation*, p. 89.

9　*Ibid.*, p. 92.

10　Alfred W.McCOY, *A Question of Torture*. p. 55.

11　*Ibid.*, p. 57.

12　*Ibid.*

13　*Ibid.*

14　*Ibid.*, p. 58.

著者紹介

ミシェル・テレスチェンコ（Michel Terestchenko）

1956年、ロンドン生まれ。パリ政治学院卒。哲学博士。現在は、ランス大学で教鞭をとる。

最新刊に、*Ce bien qui fait mal à l'âme: La littérature comme expérience morale*（2018年。『魂を傷つけるこの善——道徳的体験としての文学』未邦訳）がある。他に、*L'ère des ténèbres*, 2015, *Leçons de philosophie politique moderne*, *Les violences de l'abstraction*, 2013など多数。

また、『ル・モンド』紙をはじめとする一般紙に、政治や民主主義に関する論説を数多く寄稿する。

本書が初の邦訳書となる。

訳者紹介

林　昌宏（はやし　まさひろ）

1965年名古屋市生まれ。立命館大学経済学部卒。翻訳家。

訳書に、ボリス・シリュルニク『憎むのでもなく、許すのでもなく』、同『心のレジリエンス』、マリー・ドゥリュ＝ベラ『世界正義の時代』（ともに吉田書店）、ダニエル・コーエン『経済成長という呪い』（東洋経済新報社）他多数。

拷問をめぐる正義論

民主国家とテロリズム

2018年7月2日　初版第1刷発行

著　者　ミシェル・テレスチェンコ
訳　者　林　昌宏

発行者　吉田真也
発行所　合同会社 吉田書店
102-0072　東京都千代田区飯田橋 2-9-6 東西館ビル本館 32
TEL: 03-6272-9172　FAX: 03-6272-9173
http://www.yoshidapublishing.com/

DTP・装丁　長田年伸　　印刷・製本　シナノ書籍印刷株式会社

定価はカバーに表示してあります。

ISBN978-4-905497-65-3